职业生涯规划

王　俊　主编
王七萍　副主编

东南大学出版社
SOUTHEAST UNIVERSITY PRESS
·南京·

内 容 提 要

本教材对职业生涯规划与管理进行了全面分析和系统阐述,提供了操作性强的方法和工具使用指导,帮助读者正确认知自我及职业环境,掌握职业生涯规划与管理方法,从个人和组织两个层面科学有效地规划职业生涯。本书理论体系完善,结构合理,融理论与实践为一体,有助于读者加深对职业生涯管理的理解与掌握,也为企业的人力资源管理实践提供有针对性和可操作性的指导。

图书在版编目(CIP)数据

职业生涯规划/王俊主编. —南京:东南大学出版社,2016.7(2020.8重印)
 ISBN 978-7-5641-6515-4

Ⅰ.①职… Ⅱ.①王… Ⅲ.①职业选择—高等学校—教材. Ⅳ.①G717.38

中国版本图书馆 CIP 数据核字(2016)第 107024 号

职业生涯规划

主　　编	王　俊	电　　话	(025)83795627/ 83362442(传真)
责任编辑	陈　跃	电子邮件	chenyue58@sohu.com
出版发行	东南大学出版社	出 版 人	江建中
地　　址	南京市四牌楼2号	邮　　编	210096
销售电话	(025)83794121/ 83795801		
网　　址	http://www.seupress.com	电子邮箱	press@seupress.com
经　　销	全国各地新华书店	印　　刷	南京京新印刷有限公司
开　　本	700 mm×1 000 mm　1/16	印　　张	12.5
字　　数	252 千		
版 印 次	2016 年 7 月第 1 版　2020 年 8 月第 4 次印刷		
书　　号	ISBN 978-7-5641-6515-4		
定　　价	37.00 元		

＊本社图书若有印装质量问题,请直接与营销部联系。电话:025-83791830

前 言

职业生涯规划研究始于20世纪初的美国,兴起于20世纪60年代,经过长时间发展已经成为一门比较成熟的学科。

职业生涯规划理论产生的根本动因在于职业生涯规划是一种人生的经营战略,可以帮助个人实现职业目标,获得职业成功。对组织而言,通过员工职业生涯的规划来倡导职业化意识,寻求职业化发展,实现组织和员工共同发展之目标。所以说,良好的职业生涯规划管理,可以为企业和员工带来"双赢"的局面。

但是,在实践中,职业生涯规划与管理又最容易受到组织和个人的忽视。我们常看到的情景是:一边是离职率的直线攀升,一边是就业压力的逐年增大,组织和员工陷入就业难与辞职潮的矛盾螺旋,造成组织不断流失员工和员工不断丧失稳定发展机会的"双输"结局。要改善这种局面,既需要员工本人去思索与自己职业生涯有关的各种概念,如职业价值观、职业兴趣等,掌握职业生涯规划的基本方法,也需要组织去思考如何帮助员工进行职业生涯规划。

我国的职业生涯规划和管理研究起步较晚,直到20世纪90年代才从西方引进。目前职业生涯教育多停留在个人层面,忽视组织层面的职责,多数教材仅以面向毕业生就业指导为目的,忽视了成人职业生涯规划的需求。基于此,我们从员工个人和组织两个角度出发,编制了本教材,以期帮助个人发现职业优势、减少职业弯路,也为组织对员工进行职业生涯规划与管理提供借鉴。

本书以职业生涯规划各环节中的典型工作任务为主线,用项目引领、任务驱动的模式编写,设计开发了理论知识模块和任务实践活动有机融合的教材框架。全书分为以下七个项目:

1. 项目一　职业与职业生涯管理认知

本项目是对职业世界进行初步探索,介绍了职业的概念、构成要素、职业信息搜集的方法和途径,并呈现了部分专家学者关于职业生涯规划与管理的经典理论。为此设计的实践活动有职业描述、职业生涯人物访谈、职业锚问卷调查及评定、职业生涯彩虹图的绘制。

2. 项目二　自我认知

本项目是进行职业生涯规划的开端,是个体对自我进行定位的重要手段。该部分介绍了影响职业生涯的个体气质、性格、能力、职业兴趣、价值观等方面的内容。通过该部分学习,学习者可以对自我进行评价,客观地认识和探索自我。为此设计的实践活动有气质类型调查、MBTI人格测验、能力测试、职业兴趣自我测验、职业价值观自测。

3. 项目三　职业环境分析

本项目从宏观和微观两个方面介绍了职业环境分析的要求和内容,并从宏观和微观两个方面结合实例阐述了职业环境分析方法的运用。为职业决策提供更多信息和依据,本项目设计的任务有职业环境分析和职业声望调查。

4. 项目四　职业生涯目标规划

本项目是职业生涯规划的核心内容之一,介绍了职业生涯目标的内涵、作用、特性及设定原则,系统阐述了职业生涯目标设定的基本步骤和实现途径。为加深学员对理论知识的理解、提高其灵活运用的能力,本项目特别设计了针对性较强的实践活动,包括职业理想描述、感悟职业目标对人生成败的影响、职场新人该如何确定自己的职业生涯目标、30 岁朝上该如何设定自己的职业目标、如何在无目标状态下找到自己的职业目标、分析职业生涯目标的分解与组合过程。

5. 项目五　职业生涯决策

本项目阐述了职业决策的含义、职业决策风格以及行动计划理论,结合实例介绍了职业决策的主要方法。为此设计的实践活动包括运用 SWOT 分析等职业决策方法进行职业决策、通过量表测试,确定自己的决策风格和通过填写目标推进表以及时间管理表制定计划并有效地管理自己的时间。

6. 项目六　组织职业生涯规划与管理

本项目是从组织角度论述开展职业生涯规划的意义,介绍了组织开展职业生涯规划的方法,系统论述了组织如何进行职业生涯通道设置,并结合不同职业发展阶段员工特点探讨了针对性的职业生涯规划与管理措施。为此设计的实践活动包括为员工制定职业生涯规划表、职业生涯通道层级划分与任职标准撰写、为特定职业生涯阶段员工制定职业生涯规划措施。

7. 项目七　职业生涯反馈评估和修正

本项目是职业生涯规划的重要组成部分,贯穿于个体职业生涯规划制定、实施和总结的全过程。本项目详细介绍了职业生涯反馈评估、修正的含义和方法,以及职业生涯成功的内涵。为此设计的实践活动有自我评估、制作个人 PPDF 手册;制定自己职业生涯的短期、中期和长期目标,并对短期目标进行反馈评估和修正。

本书适用于普通高等院校(高职高专、应用型本科)、成人高校各专业的职业生涯规划课程教学，也可以作为社会从业人员、组织管理人员职业生涯规划的参考书。由安徽广播电视大学王俊副教授任主编，王七萍副教授任副主编。参加编写的主要人员是：王俊(项目一)，陈佳(项目二)，时允昌(项目三)，赵敏(项目四)，沈际(项目五)，王七萍(项目六)，王璐(项目七)。

在写作过程中，本书参阅了大量专家学者的著作，借鉴了许多前人的研究成果，在此对他们深表感谢！由于水平有限，书中难免存在问题和不足，敬请专家和读者提出宝贵意见和建议。

编　者

二〇一六年七月

目 录

项目一　职业与职业生涯管理认知 ··· 1
　任务 1　职业世界探索 ··· 1
　任务 2　职业生涯规划与管理面面观 ·· 11

项目二　自我认知 ··· 25
　任务 1　认识气质类型 ··· 25
　任务 2　了解性格及适合的职业领域 ·· 31
　任务 3　培养职业能力 ··· 46
　任务 4　培养职业兴趣 ··· 53
　任务 5　确定职业价值观 ··· 59

项目三　职业环境分析 ··· 66
　任务 1　职业环境分析 ··· 66
　任务 2　职业环境分析方法与职业期望 ·· 76

项目四　职业生涯目标规划 ··· 87
　任务 1　目标的影响力感悟 ··· 87

任务 2　探索目标的真相 ································· 94
　　任务 3　员工职业生涯目标的确定 ······················· 101
　　任务 4　员工职业生涯目标的实现 ······················· 107

项目五　职业生涯决策 ·· 114
　　任务 1　职业生涯决策方法 ······························· 114
　　任务 2　职业决策风格 ···································· 129
　　任务 3　行动计划 ··· 134

项目六　组织职业生涯规划与管理 ························· 141
　　任务 1　组织职业生涯规划流程 ·························· 141
　　任务 2　组织职业生涯通道设置 ·························· 149
　　任务 3　不同职业阶段的员工职业生涯规划与管理 ······ 163

项目七　职业生涯反馈评估和修正 ························· 168
　　任务 1　职业生涯反馈评估 ······························· 168
　　任务 2　职业生涯修正 ···································· 176

参考文献 ·· 190

项目一
职业与职业生涯管理认知

> 在本项目中,你需要对职业、职业生涯以及职业生涯选择和发展理论等基本知识进行了解。通过这一项目的学习,你要确定以下几个方面:
> 1. 正确描述你感兴趣的职业。
> 2. 你是否掌握了职业信息搜集的方法?
> 3. 你是否掌握了职业生涯规划的基本程序?

任务1
职业世界探索

第一部分　任务学习引导

我们每个人都会有自己的职业,职业是人生的重要组成部分。职业赋予人们一定的社会角色,能满足人们的生活需求,决定了人们的生活方式。然而,我们大多数人对职业概念、职业信息等知识缺乏了解,导致在职业生涯规划时往往碰到种种困惑和焦虑。正确认知职业是我们进行职业生涯规划的起点,也是关乎我们一生幸福的起点。

一、职业相关概念

(一) 职业

职业是指人们在社会生活中利用专门的知识和技能,所从事的相当稳定、有经济收入、能为社会创造物质财富和精神财富的工作的统称。

《中华人民共和国职业分类大典》(1999年颁布,2015年修订)将我国职业归为8个大类、74个中类、434个小类、1 481个细类(职业),如表1-1所示。大类依工作性质的同一性进行分类;中类在大类的范围内,根据工作任务与分工的同一性进行分类;小类在中类的基础上按照工作环境、功能以及相互关系进行分类;最后,细类(职业)在小类基础上,依照工作的工艺技术、操作流程等相似性和统一性再作划分和分类。

表1-1 八大职业分类

类型	从事人员	具体职业	说明
第一大类	国家机关、党群组织、企业、事业单位负责人	管理类	包括5个中类,15个小类,23个细类(职业)
第二大类	专业技术人员	研发类	包括11个中类,120个小类,451个细类(职业)
第三大类	办事人员和有关人员	事务性	包括3个中类,9个小类,25个细类(职业)
第四大类	商业、服务人员	服务类	包括15个中类,93个小类,278个细类(职业)
第五大类	农、林、牧、渔、水利业生产人员	生产类	包括6个中类,24个小类,52个细类(职业)
第六大类	生产、运输设备操作人员及有关人员	技术工人类	包括32个中类,171个小类,650个细类(职业)
第七大类	军人	军事类	包括1个中类,1个小类,1个细类(职业)
第八大类	不便分类的其他从业人员	其他类	包括1个中类,1个小类,1个细类(职业)

(二) 行业

行业是指按生产同类产品或具有相同工艺过程或提供同类劳动服务划分的企业或组织群体的集合,如饮食行业、服装行业、机械行业等。

国家统计局2013年颁布的《国民经济行业分类》依据经济活动的同质性原则对从事国民经济生产和经营的单位或者个体的组织结构体系进行了详细划分,共划分为20个门类、96个大类、432个中类、1 104个小类,如表1-2所示。

表1-2　国民经济行业分类

代码	门类名称	说明
A	农、林、牧、渔业	包含5个大类,23个中类,60个小类
B	采矿业	包含7个大类,19个中类,37个小类
C	制造业	包含31个大类,175个中类,542个小类
D	电力、热力、燃气及水生产和供应业	包含3个大类,7个中类,12个小类
E	建筑业	包含4个大类,14个中类,21个小类
F	批发和零售业	包含2个大类,18个中类,113个小类
G	交通运输、仓储和邮政业	包含8个大类,20个中类,40个小类
H	住宿和餐饮业	包含2个大类,7个中类,12个小类
I	信息传输、软件和信息技术服务业	包含3个大类,12个中类,17个小类
J	金融业	包含4个大类,21个中类,29个小类
K	房地产业	包含1个大类,5个中类,5个小类
L	租赁和商务服务业	包含2个大类,11个中类,39个小类
M	科学研究和技术服务业	包含3个大类,17个中类,31个小类
N	水利、环境和公共设施管理业	包含3个大类,12个中类,21个小类
O	居民服务、修理和其他服务业	包含3个大类,15个中类,23个小类
P	教育	包含1个大类,6个中类,17个小类
Q	卫生和社会工作	包含2个大类,10个中类,23个小类
R	文化、体育和娱乐业	包含5个大类,25个中类,36个小类
S	公共管理、社会保障和社会组织	包含6个大类,14个中类,25个小类
T	国际组织	包含个1大类,1个中类,1个小类

(三) 职业和行业的关系

职业和行业两者之间既有相同点,联系密切,又是有区别的。

职业是针对所从事的工作形式的相同性而言的。比如,销售,无论是服装、家电、房地产、互联网等等都是有销售职业方向的,虽然他们的行业类别不同,销售的东西也不一样,但他们都是将公司的产品或服务卖给消费者,将钱带给公司,这就是形式的相同性;再比如人力资源的招聘主管,都是做招聘的,工作形式是相同的,但由于面对的人不同,所以内容不同。销售、市场、人力资源、财务、行政等这些职业方向存在于所有的行业。另外,很多职业都是依附于行业才存在的。比如,记者,只存在于传媒行业;教师,只存在于教育培训行业。

行业是依附于人民大众社会生活的具体需要内容而言的。如房地产行业是满足人们遮风避雨居住的需求;传媒行业是满足人们信息获取的需求;金融行业是满足人们对资金的流转、升值等的需求;教育培训行业是满足人们对知识传递的需求;旅游行业是满足人们一种感受体验活动的需求等等。这些都是实实在在的需求内容,是可触摸或可感受感知的产品或服务,是具体有内涵的。

二、职业的构成要素

所谓职业的要素就是用来描述职业基本特征的信息点,通过了解这些要素的具体内容,我们就可以区分不同职业并把握一个职业的特点。

如图1-1所示,七项职业要素为我们科学认知职业提供了框架和线索,它是我们探索职业世界的利器,也是职业知识中的重要内容。

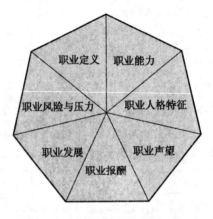

图1-1 基本职业要素

(一) 职业定义

职业定义是对使用工具,所从事工作活动的说明,是职业信息中最重要的内容。它规定了该职业的基本任务、开展工作的基本方法、需要使用的基本仪器和设备。

职业定义勾勒出职业的基本线条有助于我们初步了解职业。例如,儿科医师的职业定义是:根据儿童身体发育特点和疾病特征,诊断和治疗14岁以下儿童疾病的专业人员。其主要工作包括:询问和检查病人的病情,书写病历,记录病案;医嘱或实施化验及其诊断程序;结合化验检查结果,确定治疗方案,实施治疗措施;根据相关专业特点利用药物、手术及其他医疗手段对婴幼儿常见病、多发病及先天性疾病进行治疗。

(二) 职业能力

职业能力是指从事该职业的综合能力。职业能力包括教育水平、职业资格等,教育水平和职业资格从不同侧面反映了职业能力的要素。教育水平即从事该职业需要的最低受教育程度,它反映了从事这个职业所必需的基础文化素质,往往与职业分层相关联,见表1-3。

表1-3　职业分层体系中不同层次需要的最低教育水平

难易程度	教育水平	相关职业
高级专业管理	本科及以上教育	心理咨询师、高级工程师、医师、法官、公司业务主管等
一般专业管理	专科或本科教育	人事经理、飞行员、药剂师、新闻编辑、建筑师、工程师、教师等
半专业管理	专科、高职教育或中等职业教育	护士、会计、秘书、广播员、摄影师、经销商等
技术	中等职业教育或高中	技师、水电工、矿工、技术助理、一般职员等
半技术	中学	司机、售票员、打字员、图书管理员、厨师、模特等
非技术	小学或文盲	清洁工人、送报员、门卫侍者、伐木工人等

职业资格是国家或行业对准备从事某一职业的劳动者必备的学识、技术和能力的基本要求,一般具有法律意义。职业资格的获取必须通过国家相应的管理部门或行业管理机构考核认证,通过相应的考核才能获取相应的职业资格证书。职业资格考核认证既保证了从业者的基本职业素质,又能从宏观上调控该职业从业状况。

（三）职业人格特征

职业人格特征是指从事该职业的人需要具备的心理特征。不同的职业对从业者的心理特征有着不同的要求,如教师要求有亲和力,良好的思维能力、学习能力和表达能力;汽车驾驶员则要求从业者有较好的动作反应性和速度感知能力、生活有规律、不轻易冒险(赛车手除外)、性格稳重等。

心理特征与所选择的职业是否匹配,决定着从业者工作是否快乐。符合心理特征要求的人从事该职业,其从事职业工作幸福感强,未来职业发展前途光明。不符合心理特征的人从事该职业,其从事职业工作幸福感弱,常有抱怨和后悔情绪,在职业发展上也难有建树。

（四）职业声望

职业声望是人们对不同职业社会地位高低的评价,反映了一定社会发展阶段和一定时期的职业观。由于社会分工,使得职业之间在劳动强度、智力水平、收入状况、工作条件、拥有的权力、受尊敬的程度、为公众服务等方面形成了差别,这种差别就形成人们对职业地位的不同看法和态度。

职业声望有高低,但劳动者无贵贱。职业声望有高有低是世俗社会的天然表现,劳动者是贵是贱,则取决于自身的作为和职业道德。职业声望的高低并不能更多地担保从业者是否受人尊重。一般在条件相同时,人们更倾向于选择社会评价高的职业。忽视不同社会评价的职业对从业者的综合素质与资源等的要求,跟着"职业声望指挥棒"跑,会造成人职不匹配,得不偿失。

(五)职业报酬

职业报酬反映了从事该职业的大体收入状况,这是从业者最关心的内容,也是选择该职业的主要参考指标。职业报酬往往具有地域性和行业性,即同一职业在不同的地域和不同的行业报酬不同,有时有较明显的差距。

工资是最基本的职业报酬,除此之外福利待遇也很重要,但常常被人们忽略,尤其是非物质报酬。如图 1-2 所示,职业报酬还由一些其他内容组成,这些内容往往体现出了职业间的差异。

图 1-2 职业报酬

(六)职业发展

职业发展包括初始就业、就业趋势及职业发展路径与空间,如图 1-3 所示。

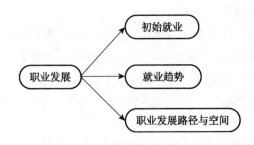

图 1-3 职业发展说明

初始就业描述了从事该职业的初始状况,表明了进入职业领域的基本方式,对最初的择业和就业具有参考价值。本科毕业想成为中学教师,必须获得中学教师资格证书,目前如果以大城市作为初始就业切入点,则很难有机会,因为大城市中学教育很成熟、很发达,本科毕业机会很少;如果以中小城市为自己中学教师的就业起点,机会就会多些,入行也会容易些。

就业趋势描述了未来若干年该职业的就业总体趋势,这对选择职业和进行职业发展规划有着重要意义。就中学教师而言,随着我国近些年出生人口的逐步降低,中小学数量也在逐步减少,中学教师的需求主要是以新老更替为主,就业空间较小,就业竞争日趋激烈。

职业的发展路径与空间,讨论的是入职后未来可能的职位升迁路径。了解这些内容对从业者进行职业发展规划具有指导意义。同样是中学教师入职,选择一直在教坛耕耘,职业发展路径为:初级教师、中级教师、高级教师;如选择教师转而从政的职业道路,则可能将来成为校长、教育局局长等。因此选择不同的职业路径,职业的发展空间也会不同。

(七) 职业风险与压力

职业风险是指在执业过程中具有一定发生频率并由该职业者承受的风险,包括经济风险、政治风险、法律风险和人身风险。不同的职业所面临的风险不同,教师的职业风险较小,而煤矿工人的职业风险就很大,可能经常面临涉及生命安全的重大事故。

职业压力是指当职业要求迫使人们作出偏离常态机能的改变时所引起的压力,比如中学教师面临升学考试、工作负担、角色职责等压力。

职业风险小未必职业压力也小,有些职业的从业者往往感受到的压力比其面临的风险要大得多。了解职业风险和压力有助于更全面地评价职业,对选择职业具有积极意义。

三、了解职业的渠道和方法

了解职业的途径很多,不同途径所获取的职业信息侧重点各有不同,信息的"含金量"也不同。

(一) 了解职业的渠道

1. 国家政府部门

国家政府部门及各地区推出的有关就业方面的法律、法规、决议、决定、规划、举措等信息有较强的宏观指导作用。它们能帮助人们认清就业形势,把握就业时机,调整就业心态,理顺就业思路。只顾低头"拉车",不顾抬头"看路"的就业方式很有可能因为缺乏对宏观就业形势与政策的了解而丧失就业良机。

2. 学校、学院就业指导中心

学校或学院的就业指导部门，会将每年毕业生就业相关信息统计、整理、分析，建立完善的信息库。一方面，能够方便以后的毕业生查询相关就业信息。另一方面，通过信息库中相关信息的统计分析，可以清晰地了解各专业、各层级、各地区毕业生的就业流向，以此作为指导毕业生就业的经验和依据。同时，就业指导部门也会建立用人单位信息库，记录所有接触过的用人单位的详细信息，尤其是人力资源部门以及公司相关负责人的联系方式，并按地区和行业进行分类汇总，建立成册，以供毕业生查询。此外，学校或学院的就业指导中心，有专业的就业指导老师，他们不仅会通过各种途径和方式与用人单位取得联系，获取就业信息，也具备大量的专业指导知识，对毕业生而言有巨大的帮助作用。

3. 人才市场

为加强就业指导与服务，各地区、各行业、各高校每年都会举办各种"人才交流会"，吸引来自全国各地的单位进行人才招聘。类似这样的就业市场，信息量大且集中，求职人员能在较短的时间内获取各种职业信息，并与单位进行直接洽谈。

4. 各种媒体

人们可以通过报刊、广播、电视等新闻媒体了解职场信息。印刷或视听媒体的范围比较广泛，报纸、杂志、电视、书籍都有可能提供职业信息，比如《21世纪》、《中国教育报》、《中国大学生就业》、中国教育电视台《职来职往》栏目以及一些传记文学等。信息时代，网络资讯如今已经成为越来越主要的获得大量信息的途径。和职业相关的网站很多，比如中文职业搜索引擎、中国劳动力市场网、前程无忧、智联招聘、中华英才、搜狐招聘频道、新浪求职频道、中青在线人才频道、各高校职业指导网站等，也有一些网站专门提供某个专业的职业信息或留学信息等更有针对性的资讯。

5. 人际关系网络

人际关系网络，包括自己的亲戚、朋友、老师、同学以及校友资源、职业QQ群等。通过人际交流，可以获取用人单位的真实状况、职业信息。由于每人的社会活动圈子不一，所以通过人际关系网络获得的职业信息也不能一概而论。但是一般情况下，通过人际关系网络所反馈的职业信息质量是较高且较为可靠的。

（二）了解职业的方法

1. 资料查阅法

资料查阅法就是通过各种信息载体查阅有关职业信息。我们既可以通过《中华人民共和国职业分类大典》、文学作品、专业书籍、期刊杂志、名人传记、报纸（报道及招聘广告）、行业协会报告、社会调查报告、论文等出版物进行查询，还可以利用多媒体网络资源进行查阅。资料查阅法相对成本较低，信息来源范围广，信息丰富但不够深入。

2. 生涯人物访谈法

生涯人物访谈法指通过与某一类行业或职业中一位或数位工作者的深入交流，以获取职业信息的方法，是一种了解职场切实有效的方法。接受访谈者即"生涯人物"，应在这个职位上已经工作了三至五年甚至更长时间。为防止访谈中的主观影响，应至少访谈三人以上，如既与成绩卓然者谈，也与默默无闻者谈，则效果会更好。该方法需要更多的投入和与环境的互动才能取得较深入的信息。

3. 社会实践

社会实践形式包括实地参观、暑期打工、建立合作经验和专业实习等。该方法获得的信息更为真实，但是所耗的时间、精力也比较多，机会也有限。

第二部分　学　生　活　动

活动 1　描述职业

选择你从事过的或比较喜欢、有好感和感兴趣的职业，通过互联网、大众传媒、社会实践等多种渠道获取该职业岗位信息，并把它进行分析后详细记录下来。可参考表 1-4 内容完成此项活动。

建议结合本地区进行行业、职业调研，按职业的基本要素描述职业。

表 1-4　职业描述

职业名称：

职业知识	内容详解
工作内容	
成长途径	
职业报酬	
职业能力	
职业人格特征	
职业声望	
职业前景	
职业风险和压力	
榜样人物	

活动2 生涯人物访谈

请用生涯人物访谈法对自己本专业对口职业或者今后感兴趣的职业进行深入探索和了解,完成访谈报告(可参考表1-5撰写访谈报告)。撰写报告时要注意寻找共性,不要被个别人的偏颇看法误导。访谈结束后,在班内进行交流,使大家更多地了解社会职业基本状况和新职业、热门职业等有关信息,树立正确的职业观。

表1-5 职业生涯人物访谈

受访人姓名		性别		职业			
职务		工龄		学历		所学专业	
所在单位							
访谈地点				访谈时间		年 月 日	
联系电话				E-mail			

一、确定访谈对象(访谈理由以及联系过程)

二、访谈问题选择(以下问题仅供参考,各人提的问题要根据自己的具体情况进行设计,通过生涯人物访谈,是要从生涯人物那里获得对自己有用的信息)
1. 您是如何找到这份工作的?
2. 您的职位是什么?您的主要职责是什么?
3. 在行业内,您先从什么样的工作岗位做起,能学到最多的知识,最有益于发展?
4. 您在做这份工作时,日常面临的问题是什么,什么最有挑战性?
5. 您个人的主要成就是什么?最成功的是什么?
6. 在这个职位上,如果想获得成功必须拥有并保持什么样的能力?
7. 您认为做好这份工作应该具备哪些知识、技能和经验?
8. 目前,行业内要求从事这份工作的人应该具备什么样的教育和培训背景?
9. 您认为什么样的个人品质、性格和能力对做好这份工作来讲是重要的?
10. 学校中的哪些课程对这个行业比较有帮助?
11. 在您的工作领域里初级职位和略高级别职位的薪水一般是什么水平?
12. 这个行业的人们,对于他们所从事的工作有什么满意与不满意之处?
13. 这个行业存在的困难及前景如何?
14. 据您所知,有什么职业杂志、行业网站或其他渠道能帮助我深入了解这个领域?
15. 您的熟人中有谁能够成为我下次采访的对象吗?可以说是您介绍的吗?

三、访谈内容记录(有关工作内容、工作环境、工作强度、工作能力素质要求等方面内容)

四、被访谈人所给的建议

五、访谈总结(包括访谈过程中的收获、感受等)

任务 2
职业生涯规划与管理面面观

第一部分　任务学习引导

每个人都有职场梦想,然而并非人人都能实现其职场梦想。职业生涯管理系列理论试图通过不同途径来解释人在社会角色和生涯方面的问题,为个人实现职场梦想提供支持。

一、职业生涯规划与管理概述

(一) 职业生涯规划与管理概念

职业生涯规划与管理是指组织与员工共同制定的,基于员工个人和组织共同需要的,员工个人发展目标与发展道路的活动。职业生涯规划与管理主要包括组织管理及员工自我管理两个层面。从组织层面而言,职业生涯规划管理是指由组织实施的、旨在开发员工的潜力、留住员工、使员工能自我实现的一系列管理活动。从个人层面而言,职业生涯规划与管理是指以实现个人发展的成就最大化为目的的,通过对个人兴趣、能力和个人发展目标的有效管理实现个人的发展愿望,即在组织环境下,由员工自己主动实施的、用于提升个人竞争力的一系列方法和措施。

(二) 职业生涯规划与管理的特征

1. 双赢性

职业生涯规划与管理是员工个人职业生涯和组织工作匹配过程的管理,要求组织和员工必须承担一定的责任,只有双方共同合作方能达到个人职业生涯成功和组织自身目标的实现。组织应有明确的发展方向和战略,对员工进行有效的职业指导,为员工职业发展开辟通路。员工应明确组织发展方向并愿意统合发展,承担管理自己职业生涯责任并具有相应的能力。

2. 适时性

职业生涯规划与管理是对未来的职业生涯目标和未来职业行动的预测。因此,各项活动的实施及完成时间,都应该有时间和顺序上的安排,以便作为检查行动的依据。

3. 动态性

组织成员在职业发展的不同阶段及组织发展的不同阶段,其发展特征、发展任务以及应注意的问题各不相同。职业生涯规划与管理应根据组织的发展战略、组织结构的变化与员工不同时期的发展需求进行相应调整。职业生涯管理是一种动态性管理,它贯穿于员工职业生涯发展和组织发展的全过程。

(三) 个人层面的职业生涯规划与管理流程

根据职业生涯规划与管理的内涵和特征,个人层面的职业生涯规划与管理流程一般包括确定志向、自我评价、组织评价、确定职业生涯目标、选择职业生涯路径、制定行动规划及时间表、评估与反馈几个环节。

1. 确定志向

古人云:"志不立,天下无可成之事。"纵观古今中外,各行各业的成功者都有一个共同的特点,就是胸怀大志。方向是事业成功的基础,没有方向事业成功也就无从谈起。确定志向是人生的起点,反映着一个人的奋斗目标及成就的大小。

2. 自我评价

职业生涯规划与管理的第二个环节就是自我评价,即通过科学的认知方法,对自己的职业兴趣、气质、性格、能力等进行全面认识,知晓自己的优势与强项、劣势与弱项。在进行自我评价时,要注意两点:一是要客观,不要高估自己的能力和水平,这是人们自我评价时最容易犯的错误。二是要结合具体的环境及所在组织的具体情况和要求进行,不要脱离实际。强调联系实际是因为环境、个人阅历和经验不是静止不变的,人们在不同时期所具有的优势和劣势处于一个相对变化的状态中。

3. 组织评价

自我评价反映的仅仅是个人对自己能力和水平情况的一种判断,这种判断能否得到组织的认可,还需要组织作出评价。组织评价反映的是组织对其成员的要求,个人的知识、能力和技能只有为组织所需要时,这种评价才有价值。因此在完成自己某个时期的自我评价后,还要通过各种途径征求所在组织的意见。

4. 确定职业生涯目标

职业生涯目标的确定,就是明确自己想成为一个什么样的人,在行政上达到某一级别,担任某一职务,或在专业技术上达到某一职称,成为某一领域的专家。这是职业生涯规划的核心环节,有了目标才会有追求事业成功的方向和动力。

5. 选择职业生涯路线

职业生涯路线是指一个人选定职业后选择从什么途径去实现自己的职业目标,是向专业技术方向发展,还是向行政管理方向发展;是先走技术路线,再转向行政管理路线……由于发展路线不同,对职业发展的要求也不相同。因此,在职业生涯规划中,须作出抉择,以便使自己的学习、工作以及各种行动措施沿着职业生涯路线或预定的方向前进。

6. 制定行动规划及时间表

在确定职业生涯目标后，就要制定相应的行动计划来实现它们，把目标转化成具体的方案和措施，分阶段落实。行动规划是指在自我评价的基础上，为提高个人竞争能力和达到职业目标所要采取的措施，包括：工作体验、培训、轮岗、申请空缺职位等。通过这些方式，可以弥补个人的能力缺陷，同时增进对不同岗位的体验。行动规划制定后还需要有一个实现职业目标的时间表，比如，用3年时间取得相应的技术职称，用4~5年实践成为某项技术的开发项目带头人，等等。

7. 评估与反馈

俗话说："计划赶不上变化。"影响职业生涯规划的因素很多，有的变化难以预测。职业生涯规划的评估与反馈过程是个人对自己的不断认识过程，也是对社会的不断认识过程，是使职业生涯规划更加有效的有力手段。要使职业生涯规划行之有效，必须不断地对职业生涯规划进行评估，修正职业生涯目标，调整职业生涯策略，这样才能确保个人职业成功。

组织层面的职业生涯规划与管理流程详见本书项目六，此处不再赘述。

二、施恩的职业锚理论

（一）职业锚的概念

职业锚理论产生于在职业生涯规划领域具有"教父"级地位的美国麻省理工大学斯隆商学院、美国著名的职业指导专家埃德加·H·施恩（Edgar. H. Schein）教授领导的专门研究小组，是在对该学院毕业生的职业生涯研究中演绎成的。斯隆管理学院的44名MBA毕业生，自愿形成一个小组接受施恩教授长达12年的职业生涯研究，包括面谈、跟踪调查、公司调查、人才测评、问卷等多种方式，最终分析总结出了职业锚（又称职业定位）理论。

所谓职业锚，又称职业系留点。锚，是使船只停泊定位用的铁制器具。职业锚，实际就是人们选择和发展自己的职业时所围绕的中心，是指当一个人不得不做出选择的时候，他无论如何都不会放弃的职业中的那种至关重要的东西或价值观，是自我意向的一个习得部分。个人进入早期工作情境后，由习得的实际工作经验所决定，与在经验中自省的动机、价值观、才干相符合，达到自我满足和补偿的一种稳定的职业定位。职业锚强调个人能力、动机和价值观三方面的相互作用与整合。职业锚是个人同工作环境互动作用的产物，在实际工作中是不断调整的。

了解职业锚的概念，要注意几个方面：

（1）职业锚以员工习得的工作经验为基础。职业锚发生于早期职业阶段，新员工已经工作若干年，习得工作经验后，方能够选定自己稳定的长期贡献区。个人在面临各种各样的实际工作生活情境之前，不可能真切地了解自己的能力、动机和价值观以及在多大程度上适应可行的职业选择。因此,新员工的工作经验产生、演变和发展了职业锚。换句话说,职业锚在某种程度上由员工实际工作所决定,而不只是取决于潜在的才干和动机。

(2) 职业锚不是员工根据各种测试出来的能力、才干或者作业动机、价值观,而是在工作实践中,依据自身和已被证明的才干、动机、需要和价值观,现实地选择和准确地进行职业定位。

(3) 职业锚是员工自我发展过程中的动机、需要、价值观、能力相互作用和逐步整合的结果。

(4) 员工个人及其职业不是固定不变的。职业锚,是个人稳定的职业贡献区和成长区。但是,这并不是意味着个人将停止变化和发展。员工以职业锚为其稳定源,可以获得该职业工作的进一步发展,以及个人生物社会生命周期和家庭生命周期的成长、变化。此外,职业锚本身也可能变化,员工在职业生涯的中、后期可能会根据变化了的情况,重新选定自己的职业锚。

(二) 职业锚的类型

尽管职业种类很多,但职业锚的类型只有个位数。施恩根据自己对斯隆管理学院男性毕业生长期研究的结果,将职业锚归纳为以下八种类型。

1. 技术能力型职业锚

技术能力型的人,追求在技术或职能领域的成长和技能的不断提高,以及应用这种技术能力的机会。他们一般都希望能一直在自己擅长的技术或职能领域(如物流管理、装潢设计、汽车维修)工作,他们对自己的认可来自他们的专业水平,他们喜欢面对来自专业领域的挑战。他们一般不喜欢从事一般的管理工作,因为这将意味着他们放弃在技术或职能领域的成就。

2. 管理型职业锚

管理型的人,追求在组织中升迁到更高的管理职位,具体的技术工作或职能工作仅仅被看做是通向更高的、全面管理层的道路上的必经之路。他们关注如何提高自我的分析能力、人际能力和感情能力,希望能整合其他人的工作,并对组织中某项工作的最终结果承担责任,把组织的成功看做是自己的工作。

3. 自主或独立型职业锚

自主型的人希望随心所欲安排自己的工作方式、工作习惯和生活方式。他们追求能施展个人能力的工作环境(自行决定工作时间、工作内容和工作强度),考虑如何最大限度地摆脱组织各种规章制度的限制和制约。他们宁愿放弃提升或工作扩展机会,也不愿意放弃自由与独立。

4. 安全或稳定型职业锚

安全或稳定型的人追求工作中的安全与稳定感,一般都喜欢稳定的、可以预测的工作。他们关注财务安全(如养老金和退休方案)和就业安全,希望能一直在某一个单位、行业和地理区域中工作,能以自己对组织和雇主的忠诚换得终身雇佣的承诺。

5. 创业型职业锚

创业型的人希望使用自己的能力去创建属于自己的公司或创建完全属于自己的产品或服务,而且愿意去冒风险,并克服面临的障碍。他们想向世界证明公司是他们靠自己的努力创建的。他们希望自己的企业有非常高的现金收入,以证明自己的能力。他们可能正在别人的公司工作,但同时他们在学习并评估将来的机会。一旦他们感觉时机到了,便会自己走出去创建自己的事业。

6. 服务奉献型职业锚

服务奉献型的人指那些一直追求他们认可的核心价值,例如:帮助他人,改善人们的安全,通过新的产品消除疾病。他们一直追寻这种机会,这意味着即使变换公司,他们也不会接受不允许他们实现这种价值的工作变换或工作提升。

7. 挑战型职业锚

挑战型的人喜欢解决看上去无法解决的问题,战胜强硬的对手,克服无法克服的困难障碍等。对他们而言,参加工作或职业的原因是工作允许他们去战胜各种不可能。新奇、变化和困难是他们的终极目标。如果事情非常容易,他们马上会表现出非常令自己厌烦。

8. 生活型职业锚

生活型的人是喜欢允许他们平衡并结合个人的需要、家庭的需要和职业的需要的工作环境。他们希望将生活的各个主要方面整合为一个整体。正因为如此,他们需要一个能够提供足够的弹性让他们实现这一目标的职业环境,甚至可以牺牲他们职业的一些方面,如:提升带来的职业转换,他们将成功定义得比职业成功更广泛。他们认为自己在如何去生活、在哪里居住、如何处理家庭事业,以及在组织中的发展道路是与众不同的。

三、萨伯的生涯彩虹理论

从1957年到1990年,著名职业生涯规划大师萨伯(Donald E. Super)拓宽和修改了他的终身职业生涯发展理论,这期间他最主要的贡献是"生涯彩虹图"。为了综合阐述生涯发展阶段与生涯彩虹图角色彼此间的相互影响,萨伯创造性地描绘出一个多重角色生涯发展的综合图形——"生涯彩虹图",形象地展现了生涯发展的时空关系,更好地诠释了生涯的定义。在生涯彩虹图中,纵向层面代表的是纵贯上下的生活空间,是由一组职位和角色所组成,分成子女、学生、休闲者、公民、工作者和持家者六个不同的角色,他们交互影响,交织出个人独特的生涯类型。你预期在你的生活或生涯中你将扮演哪些角色？你即将卷入这些角色的强度如何？这些角色将在什么年龄或年龄段是积极主动的？你对这些角色的参与是如何被决定的？哪些力量是内部的，哪些是外部的？

他认为在个人发展历程中，随年龄的增长而扮演不同的角色，图的外圈为主要发展阶段，内圈阴暗部分的范围、长短不一，表示在该年龄阶段各种角色的分量；在同一年龄阶段可能同时扮演数种角色，因此彼此会有所重叠，但其所占比例分量则有所不同。根据萨伯的看法，一个人一生中扮演的许许多多角色就像彩虹同时具有许多色带。萨柏将显著角色的概念引入了生涯彩虹图。他认为角色除与年龄及社会期望有关外，与个人所涉入的时间及情绪程度都有关联，因此每一阶段都有显著角色。

1. 横贯一生的彩虹——生活广度

在一生生涯的彩虹图中，横向层面代表的是横跨一生的生活广度。彩虹的外层显示人生主要的发展阶段和大致估算的年龄：成长期（约相当于儿童期）、探索期（约相当于青春期）、建立期（约相当于成人前期）、维持期（约相当于中年期）以及衰退期（约相当于老年期）。在这五个主要的人生发展阶段内，各个阶段还有小的阶段，萨伯特别强调各个时期的年龄划分有相当大的弹性，应依据个体的不同情况而定。

2. 纵贯上下的彩虹——生活空间

在一生生涯的彩虹图中，纵向层面代表的是纵贯上下的生活空间，由一组职位和角色所组成。萨伯认为人在一生当中必须扮演九种主要的角色，依次是：儿童、学生、休闲者、公民、工作者、夫妻、家长、父母和退休者。各种角色之间是相互作用的，一个角色的成功，特别是早期的角色如果发展得比较好，将会为其他角色提供良好的关系基础。但是，在一个角色上投入过多的精力，而没有平衡协调各角色的关系，则会导致其他角色的失败。在每一个阶段对每一个角色的投入程度可以用颜色来表示，颜色面积越多表示该角色投入的程度越多，空白越多表示该角色投入的程度越少。

生涯彩虹规划图使用实例，如图1-4所示。

此图为某位来访者为自己所勾画的生涯彩虹图。半圆形最中间一层，儿童的角色在5岁以前是涂满颜色的，之后渐渐减少，8岁时大幅度减少，一直到45岁时开始迅速增加。此处的儿童角色，其实就是为人子女的角色。因而这个角色一直存在。早期个体享受被父母养育照顾的温暖，随着成长成熟，慢慢开始同父母平起平坐，而在父母年迈之际，则要开始多花费一些心力来陪伴、赡养父母。

第二层是学生角色。在这个案例中，学生角色从4、5岁开始，10岁以后进一步增强，20岁以后大幅减少，25岁以后便戛然而止。但在30岁以后，学生角色又

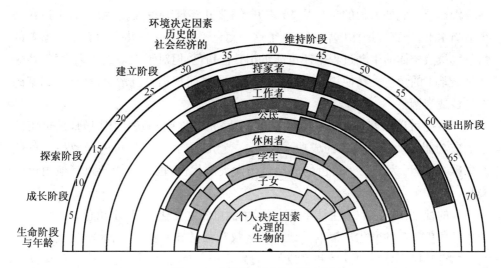

图 1-4 萨伯的生涯彩虹图实例

出现,特别是 40 岁出头时,学生角色竟然涂满了颜色,但 2 年后又完全消失,直到 65 岁以后。这是由于处于现代科技发展日新月异、知识爆炸的社会,青年在离开学校、工作一段时间之后,常会感到自身学习已不能满足工作需要,需要重回学校以进修的方式来充实自我。也有一部分人甚至等到中年,儿女长大之后,暂时离开原有的工作,接受更高深的教育,以开创生涯的"第二春"。学生角色在 35 岁、40 岁、45 岁左右凸现,正是这种现象的反映。

第三层是休闲者角色。这一角色在前期较平衡地发展,直到 60 岁以后迅速增加,也许有人会惊讶萨伯把休闲者角色列入生涯规划的考虑之中。其实,平衡工作和休闲是一项非常重要的任务,特别是在如此快节奏、高效率的社会中,正如图中的空白也构成画面一样,休闲是我们维持身心健康的一种重要手段。

第四层是公民。本案例角色从 20 岁开始,35 岁以后得到加强,65~70 岁达到顶峰,之后慢慢减退。公民的角色,就是承担社会责任、关心国家事务的一种责任和义务。

第五层是工作者的角色。该当事人的工作角色从 26 岁左右开始,颜色阴影几乎填满了整个层面,可见当事人对这一角色相当认同。但在 40 多岁时,工作者的角色完全消失,对比其他角色,不难发现,这一阶段,学生角色和家长角色都有不同程度的增强。两三年后,学生角色消失,家长角色的投入程度恢复到平均水平,而工作者的角色又被颜色涂满,直至 60 岁以后开始减少,65 岁终止工作者角色。

第六层是持家者角色。这一角色可以拆分夫妻、父母、(外)祖父母等角色,然后分别作图。此处家长的角色从 30 岁开始,头几年精力投入较多,之后维持在一个适当水平,一直到退休以后才加强了这一角色。76~80 岁几乎没有了持家者的角色。虽然个体的生涯过程中还可能承担其他角色,但对于大多数人来说,上述这些是最基本的角色。在使用"生涯彩虹图"时,个体可根据自身情况,在此图的基础上进行适当调整。

彩虹图可以很好地表示各个角色的变化,角色之间是互相作用的,某个角色上的成功能带动其他角色的成功。反之,一个角色的失败,也可能导致另一角色的失败。而且,为了某一角色的成功付出太大的代价,也有可能导致其他角色的失败。

人的社会任务或职业生活不断变化,角色也随之变化,从一个角色进入另一个角色。角色转换的变化从根本上说是社会权利和义务的变化,而大学生就业后的社会角色转换不是瞬间发生和完成的,而是要有一个过程。每一个人的生涯彩虹图都是不同的,所以我们从彩虹图中可以看到不同的生涯规划。

第二部分 学 生 活 动

活动 1 明确你的职业锚

职业锚问卷是国外职业测评运用最广泛、最有效的工具之一。职业锚问卷是一种职业生涯规划咨询、自我了解的工具,能够协助组织或个人进行更理想的职业生涯发展规划。

这份问卷(表 1-6)的目的在于帮助你思考自己的能力、动机和价值观,结果仅供参考。

下面给出了 40 个问题,根据你的实际情况,从"1~6"中选择一个数字。数字越大,表示这种描述越符合你的实际情况。例如:"我梦想成为公司的总裁",你可以做出如下选择:

选"1"代表这种描述完全不符合你的想法;
选"2"或"3"代表你偶尔(或者有时)这么想;
选"4"或"5"代表你经常(或者频繁)这么想;
选"6"代表这种描述完全符合你的日常想法。

分数说明:

从不(1 分) 偶尔(2 分) 有时(3 分) 经常(4 分) 频繁(5 分) 总是(6 分)

现在,开始回答问题。请在最符合你自身情况的分数上打"√"

表1-6 职业锚问卷

题号	题 目	分 数					
1	我希望做我擅长的工作,这样我的内行建议可以不断被采纳。	1	2	3	4	5	6
2	当我整合并管理其他人的工作时,我非常有成就感。	1	2	3	4	5	6
3	我希望我的工作能让我用自己的方式,按自己的计划去开展。	1	2	3	4	5	6
4	对我而言,安定与稳定比自由和自主更重要。	1	2	3	4	5	6
5	我一直在寻找可以让我创立自己事业(公司)的创意(点子)。	1	2	3	4	5	6
6	我认为只有对社会做出真正贡献的职业才算是成功的职业。	1	2	3	4	5	6
7	在工作中,我希望去解决那些有挑战性的问题,并且胜出。	1	2	3	4	5	6
8	我宁愿离开公司,也不愿从事需要个人和家庭做出一定牺牲的工作。	1	2	3	4	5	6
9	将我的技术和专业水平发展到一个更具有竞争力的层次是成功职业的必要条件。	1	2	3	4	5	6
10	我希望能够管理一个大的公司(组织),我的决策将会影响许多人。	1	2	3	4	5	6
11	如果职业允许自由地决定自己的工作内容、计划、过程时,我会非常满意。	1	2	3	4	5	6
12	如果工作的结果使我丧失了自己的组织中的安全稳定感,我宁愿离开这个工作岗位。	1	2	3	4	5	6
13	对我而言,创办自己的公司比在其他的公司中争取一个高的管理位置更有意义。	1	2	3	4	5	6
14	我的职业满足来自于我可以用自己的才能去为他人提供服务。	1	2	3	4	5	6
15	我认为职业的成就感来自于克服自己面临的非常有挑战性的困难。	1	2	3	4	5	6
16	我希望我的职业能够兼顾个人、家庭和工作的需要。	1	2	3	4	5	6
17	对我而言,在我喜欢的专业领域内做资深专家比总经理更具有吸引力。	1	2	3	4	5	6

(续 表)

题号	题 目	分 数					
18	只有在我成为公司的总经理后,我才认为我的职业人生是成功的。	1	2	3	4	5	6
19	成功的职业应该允许我有完全的自主与自由。	1	2	3	4	5	6
20	我愿意在能给我安全感、稳定感的公司中工作。	1	2	3	4	5	6
21	当通过自己的努力或想法完成工作时,我的工作成就感最强。	1	2	3	4	5	6
22	对我而言,利用自己的才能使这个世界变得更适合生活或居住,比争取一个高的管理职位更重要。	1	2	3	4	5	6
23	当我解决了看上去不可能解决的问题,或者在必输无疑的竞赛中胜出,我会非常有成就感。	1	2	3	4	5	6
24	我认为只有很好地平衡了个人、家庭、职业三者的关系,生活才能算是成功的。	1	2	3	4	5	6
25	我宁愿离开公司,也不愿频繁接受那些不属于我专业领域的工作。	1	2	3	4	5	6
26	对我而言,作一个全面管理者比在我喜欢的专业领域内做资深专家更有吸引力。	1	2	3	4	5	6
27	对我而言,用我自己的方式不受约束地完成工作,比安全、稳定更加重要。	1	2	3	4	5	6
28	只有当我的收入和工作有保障时,我才会对工作感到满意。	1	2	3	4	5	6
29	在我职业生涯中,如果我能成功地创造或实现完全属于自己的产品或点子,我会感到非常成功。	1	2	3	4	5	6
30	我希望从事对人类和社会真正有贡献的工作。	1	2	3	4	5	6
31	我希望工作中有很多的机会,可以不断挑战我解决问题的能力(或竞争力)。	1	2	3	4	5	6
32	能很好的平衡个人生活与工作,比达到一个高的管理职位更重要。	1	2	3	4	5	6
33	如果在工作中能经常用到我特别的技巧和才能,我会感到特别高兴。	1	2	3	4	5	6
34	我宁愿离开公司,也不愿意接受让我离开全面管理的工作。	1	2	3	4	5	6
35	我宁愿离开公司,也不愿意接受约束我自由和自主控制权的工作。	1	2	3	4	5	6

(续 表)

题号	题 目	分 数					
36	我希望有一份让我有安全感和稳定感的工作。	1	2	3	4	5	6
37	我梦想着创建属于自己的事业。	1	2	3	4	5	6
38	如果工作限制了我为他人提供帮助或服务,我宁愿离开公司。	1	2	3	4	5	6
39	去解决那些几乎无法解决的难题,比获得一个高的管理职位更有意义。	1	2	3	4	5	6
40	我一直在寻找一份能最小化个人和家庭之间冲突的工作。	1	2	3	4	5	6

现在重新看一下你给分较高的描述,从中挑选出与你的日常想法最为吻合的三个,在原来评分的基础上,将这三个题目的得分再各加上四分(例如:原来得分为5,则调整后的得分为9)。然后就可以开始计分了。

表1-7是用来记录问卷分数的计分表,将每题的分数填入计分表,不要忘记将最符合你的三项加上额外的四分。按"列"计算总分,然后将总分除以五,得到平均分,分别填入空白表格中的相应区域。

最终的平均分就是你的自我评价结果,最高分所在列代表最符合你"真实自我"的职业锚。

表1-7 职业锚计分表

技术锚		管理锚		自主锚		安全锚		创业锚		服务锚		挑战锚		生活锚	
题号	得分	题号	得分	题号	得分	题号	得分	题号	得分	题号	得分	题号	得分	题号	得分
1		2		3		4		5		6		7		8	
9		10		11		12		13		14		15		16	
17		18		19		20		21		22		23		24	
25		26		27		28		29		30		31		32	
33		34		35		36		37		38		39		40	
合计															
平均															

通常每个人的职业锚都不是单一类型的,很可能是两种以上复合型的。除了你不能做的、一做就痛苦就倦怠就讨厌的,其他的职业锚类型,你都可以尝试。

活动 2　绘制生命彩虹图

请按以下步骤绘制你的生命彩虹图：

步骤一，找一张 A4 的白纸，对折。

以折线的一端为圆心，以 A4 纸的长边的大约 1/2 为半径，用圆规画出一个半圆。把这个半圆分成若干等分，并在等分处分别标注上数字，它代表你的生命长度。如果你认为自己可以活到 80 岁，那就以 5 岁为一个等分，从半圆的左边底先标上"0"，然后分别在等分处表上"5""10""15"，以此类推，最后在半圆的右边底标上"80"。如果你认为自己可以活到 90 岁，那么就按 90 岁来等分半圆即可。

步骤二，将职业发展的不同阶段标注到半圆上。

你可以参照萨柏生命彩虹理论关于"职业发展阶段"的内容，以自己的实际发展年龄和规划的发展年龄来标注。例如，你的职业初步定位在 16～18 岁完成的，那么就在 16～18 岁的地方标注"职业初步定位"。再如，你规划自己的职业中期为 40～50 岁，那么就按自己的实际情况和规划来标注。

步骤三，确定生涯角色和它们的代表颜色。

按照萨伯的观点，人在一生中需要扮演 9 种主要的角色，依次是：子女、学生、休闲者、公民、工作者、夫妻、家长、父母和退休者。请给自己确定 6～9 种一生中需要扮演的角色，然后在标准的 12 色画笔盒中为自己的每一个角色确定一种颜色。例如，用黄色表示"子女（孩子）"角色，用红色表示"工作者"角色。

步骤四，画出每个角色的同心圆，并确定每个角色的起止年龄。

按照角色个数，在原来的半圆下面，画出等分的同心圆，数量与角色数相同。并确定每个角色所在的圆，一般按照最先出现的角色放在最里面，最后出现的角色放在最外面来安排。如图 1-5 所示，通常把子女角色放在最里面，把家长（持家者）的角色放到最外面。然后确定每个角色的起止年龄，这决定你对这个角色的理解。

步骤五，画出生涯彩虹图。

我们已经知道了每个角色的起止点，角色代表的颜色，以及角色在图中所处的位置，我们就可以开始画生涯彩虹图了。不过，在你下笔前，还需仔细思考一下：你的这个角色在这段时期里占据你生活的比重如何，如果所占比重大，那么这个角色绘出的线条就粗；如果所占比重小，角色绘出的线条就细。需要注意的是这里所说的时期是根据你实际发生的情况或者你所规划的情况所确定的，与你的职业发展各个阶段并不是完全重合。

绘制生涯彩虹的注意点：

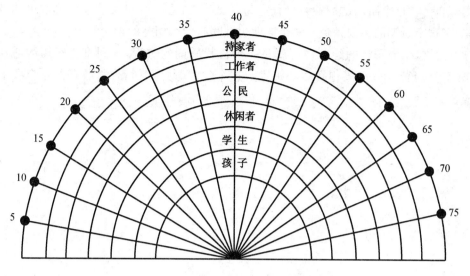

图 1-5　生涯彩虹图模板

1. 要根据自己的过往经历和未来职业生涯规划合理划分不同时期

我们需要认真归纳自己已经发生过的过往经历,按照经历的角色或生活状态的特定性来合理划分。对没有发生的则按照我们对未来的规划进行划分。一般人可以有这样的划分:0~3岁单一子女角色;3~6岁幼儿园学生为主;7~12岁小学生为主;13~15岁初中生为主;16~18岁高中生为主;19~22岁大学生为主。之后的经历可能有较大的不同,你需要问自己:我何时工作? 何时完成我的职业定位? 我何时结婚? 何时有孩子? 何时会脱产进修? 会安排几次进修? 我会为家人中断一段职业经历吗? 我的婚姻会中断吗? 我考虑何时达到财务自由? 等等,这些问题的考量都可能成为你划分不同时期的因素。

2. 认真考虑每个时期里自己的主要生活角色,以及各种角色之间的平衡关系

严格来说,在绘制彩虹图时,每个时期各个角色所占的比重之和应该是100%,也就是说我们需要认真考虑在每个时期里,哪个角色是最重要的,它在生活中所占比重是多少? 哪个角色是次要的,它在生活中所占比重是多少? 以此类推,最后合理确定好每个角色的比重。这里已经发生的经历是需要我们认真回忆总结,而没有发生的未来,是需要我们对过去反思,并对未来在认真规划的基础上合理确定。在这个过程中我们需要不断质询自己:"为什么会是这样?""这样合理吗?""有没有更好的可能?"

3. 每个时期应与各个职业发展阶段以及整个职业生涯相平衡

也就是说,我们描绘的每个时期都不应是孤立的,它与各阶段职业发展以及整个职业生涯相互联系,特别是进入职场后更是如此。所以,在绘制时我们需要不断

提醒自己,"这个阶段的职业发展任务是什么?""外在的环境又会发生哪些可能变化?""这个时期的主要角色与整个职业生涯间有什么相互的承接?"等。

　　总之,生涯彩虹的绘制过程就是一个自我质询的过程,期间难免经历内心纠结,甚至痛苦,不过,当你费尽心神完成这个生涯彩虹图时,你将收获的是自我的成长。

02 项目二 自我认知

在项目一中,你已经了解了职业、职业生涯以及职业生涯选择和发展理论等基本知识。但要进行职业生涯的规划,你需要对自己的气质、性格、能力、职业兴趣、价值观等方面进行评价,进而客观地认识和探索自我。通过项目二的学习,你要确定以下几个方面:

1. 你是什么气质类型?有哪些特点?
2. 你的性格特征是什么?有哪些优势与不足?
3. 你的能力特征是什么?有哪些优势与不足?
4. 你的职业兴趣是什么?
5. 你的职业价值观是什么?

任务1
认识气质类型

第一部分 任务学习引导

一、气质

气质是人的个性心理特征之一,它是指在人的认识、情感、言语、行动中,心理活动发生时力量的强弱、变化的快慢和均衡程度等稳定的动力特征。主要表现在情绪体验的快慢、强弱、表现的隐显以及动作的灵敏或迟钝方面,因而它为人的全部心理活动表现染上了一层浓厚的色彩。

二、气质的类型

公元前五世纪,古希腊名医希波克拉特根据人的体液,把气质分为胆汁质、多血质、黏液质和抑郁质等四种基本类型,其称谓一直沿用至今。

1. 多血质

多血质的人,活泼、好动、敏感,反应迅速,喜欢与人交往,注意力容易转移,兴趣容易变换,这类人具有很高的灵活性,善于交际,很容易适应新的环境,在集体中容易处事,朝气蓬勃。由于容易形成和改变神经活动的暂时联系以及神经活动的高度灵活性,多血质的人,往往机智敏锐,对新鲜事物敏感,很适合做反应迅速而敏捷的工作,他们在从事多样化和多变的工作时,成绩卓著,但他的持久兴奋只是停留在感兴趣的事业上,在与他的兴趣不符的耐心细致、艰苦紧张的工作中,他的热情可能很快消失,甚至会感到无聊。

2. 胆汁质

胆汁质的人,直率、热情、情绪易于冲动,心境变换剧烈。这类人精力旺盛、态度直率、激动、暴躁、热忱,有很高的兴奋性,行动上往往表现出不平衡。因而胆汁质的人的工作特点带有周期性,他们能够以极大的热情去工作,克服前进中的困难,但如果对工作失去信心,情绪便顿时转为沮丧。

3. 黏液质

黏液质的人,安静、稳重、反应缓慢、沉默寡言,情绪不易外露,注意力稳定但难于转移,善于忍耐。这类人是安详的、平衡的、坚定和顽强的实际劳动者,他的神经过程的稳定性和一定的惰性,使其具有较强的自我克制能力,埋头苦干,不被无关的事情所分心,态度持重,交际适度。黏液质的人最适宜于从事有条理的和持久性的工作,他的缺点在于不够灵活,有明显的惰性,他集中和转移注意都需要时间,惰性也可使他不善革新,有因循守旧的倾向。

4. 抑郁质

抑郁质的人,体验深刻、行动迟缓、善于觉察他人不易觉察的细节。这类人孤僻、敏感、多愁善感、犹豫不决、优柔寡断,但细心、谨慎、感受能力强,在友好团结的集体中,能与人融洽相处。

需要指出的是,气质没有好坏之分,每个人的气质都有其所长,也有其所短,要了解其特点,扬长避短。多血质的人活泼、敏捷、情绪丰富、工作能力强,容易适应环境,但行为轻率、情感不深、注意力不稳定、兴趣容易转移;胆汁质的人,主动、热情、精力旺盛,但暴躁、任性、缺乏耐性;黏液质的人,沉着、冷静、坚韧,但容易精神不振,缺乏生气,迟钝、冷淡;抑郁质的人,耐受性差,易感到疲劳,但感情深刻细腻,做事审慎小心,观察力敏锐,善于觉察到别人不易发现的问题。气质也不决定一个人活动的社会价值和成就的高低,因为在同一领域作出杰出成就的人,有各种气质类型的代表。在实际生活中,典型的某种气质类型的人并不多,多数人都是混合型气质,且以两种气质混合的(双质型)居多,三种气质混合的(三质型)人并不多。

三、气质差异的应用

1. 应用范围

各种气质类型往往都有其积极的和消极的一面。许多行业,尤其是某些特殊的行业,对人员的气质行为有更高的要求。如果人们能够从事较适合其气质特征的工作,则能扩大气质类型积极的一面,而缩小其消极的一面。这样,就能更好地发挥人们的积极作用,从而保证工作的安全和效率的提高。因此,应当应用气质的差异,妥善地安排人们的工作。可以从人机关系、人际关系、思想教育等方面考虑应用气质差异。

(1) 人机关系。一般说来,在现代社会的许多行业中的各种工作,都存在着人与机器(或仪器)的关系问题。机器的操纵要求人员具备某些气质特征,例如,对于飞行员、大型动力系统调度员、宇航员、矿场救护员等。另一方面,要求他们能在实际工作中迅速地对各种信息变化作出反应,并能采取正确的措施。如果人员的气质特征符合操纵机器的要求,使人机的关系协调,则能保证工作的正常进行。如果是人机关系失调,即人的动力性行为失误,轻者影响工作效率,重者造成重大事故,与人机关系有关的气质特征主要有对工作的胆量和忍耐力,行为的强度、速度、灵活性等。

(2) 人际关系。人际关系是影响工作效率的一个重要因素。管理人员应当了解每一个职工与人际关系有关的气质特征,主要是心理过程的倾向性,即外倾性与内倾性。外倾性明显(多血质与胆汁质)者,好与人交往,其人际关系可能较好;内倾性明显(黏液质与抑郁质)者,较不愿与人交往,其人际关系可能较差。因此,在职工编组时,应考虑到这种气质特征,使多血质、胆汁质与黏液质、抑郁质适当地搭配,以有利于群体中人际关系的发展。在管理人员与职工的交往中,对内倾性明显的职工应当主动些,因为他们较不愿主动地与管理人员交往。如果管理人员忽略了这点,往往使这部分职工脱离了他们,因而感觉不到集体的温暖。

(3) 思想教育。在对职工进行思想教育中,如果必须采取批评教育时,也要考虑到因气质差异而运用不同的批评方式。对外倾性明显的职工采取公开的批评,即使严厉一些,他们也受得了,同时也只有这样才足以促使他们改正错误。而对内倾性明显的职工,则不能采取如此的批评方式,因为他们害怕暴露思想,受不了公开批评的刺激,并会产生对工作抵触情绪(逆反心理),这不仅不利于思想改造,而且还可能产生对工作的消极作用。因此,对他们适于采取非公开的批评,并多从正面加以鼓励。对于抑郁质者更应当如此。

此外,要选拔和培训某些特殊专业的人员,也应运用气质差异,以增强培训效果。

2. 应用原则

气质差异的应用要遵循以下原则:

(1) 气质绝对原则。有些特殊的专业工作要求人员具备某些气质特征。如果这些气质特征未能达到所要求的水平,那么有关工作就很难进行甚至造成重大事故。因此,为了适应这种工作,必须以其所要求的气质特征为绝对标准,挑选培训人员,如飞行员、宇航员、大型动力系统调度员、矿坑救护员……由于他们的特殊职业,具有灵敏的反应,敢于冒险,临危不惧,对这些职业的人员的气质提出绝对标准,在这些职业中,气质特点决定着一个人是否能从事该项职业。在预选中,就要测定他的气质特点是否符合活动要求。

(2) 气质互补原则。一些企业的工作,虽对气质特征有一定的要求,但并非完全必要,有的可以由别的气质特征予以适当的补偿,不影响工作完成。这叫做互补原则。例如,在纺织厂工作的女工,一人看管多台机床,黏液质的人注意力稳定,工作很少分心,这在及时发现断头排除故障方面是一种特性。注意力的这种稳定性补偿了她的行为反应迟缓的不足。多血质的女工,她的行为反应迅速,注意力比较容易从一台机床转移到另一台机床,于是这就补偿了她的注意力易分散不足。可见,在一般职业中,气质的各种特性之间常可以起到相互补偿的作用。

(3) 气质发展原则。虽然人们原始的气质特征是遗传的,要对其加以改变并非容易,但在主客观条件的影响下,气质特征终究会缓慢地发生某些变化。何况大多数人都属于中间气质型,更有利于气质行为的改变。因此,对那些经过气质测试而被认为气质行为稍有不合格的人,应估计到通过培训有可能使其气质行为得到一定程度的发展。这就是气质发展原则。如有些工人原来以黏液质为主,但不够典型化,可以结合多血质特征,对他们进行某种技术的培训,使其沿着多血质方向有一定的发展。改善了的气质行为,标志着在一定程度上克服了其消极的一面,而积极的一面得到了进一步的发展。气质发展原则的意义就在于此。

第二部分 学 生 活 动

活动 气质类型调查

本测验共有60个问题,只要你能根据自己的实际行为表现如实回答,就能帮

助你确定自己的气质类型,但必须做到:

(1) 回答时请不要猜测题目内容要求,也就是说不要考虑应该怎样,而只回答你平时怎样,因为题目答案本身无所谓正确与错误之分。

(2) 回答要迅速,不要在某道题目上花过多时间。

(3) 每一题都必须回答,不能有空题。

(4) 在回答下列问题时,你认为很符合自己情况的,记 2 分,较符合自己情况的,记 1 分,介于符合与不符合之间的,记 0 分。较不符合自己情况的,记 -1 分,完全不符合自己情况的,记 -2 分。

① 做事力求稳妥,不做无把握的事。
② 遇到可气的事就怒不可遏,想把心里话全说出来才痛快。
③ 宁肯一个人干事,不愿很多人在一起。
④ 到一个新环境很快就能适应。
⑤ 厌恶那些强烈的刺激,如尖叫、噪音、危险镜头等。
⑥ 和人争吵时,总是先发制人,喜欢挑衅。
⑦ 喜欢安静的环境。
⑧ 善于和人交往。
⑨ 羡慕那种善于克制自己感情的人。
⑩ 生活有规律,很少违反作息制度。
⑪ 在多数情况下情绪是乐观的。
⑫ 碰到陌生人觉得很拘束。
⑬ 遇到令人气愤的事,能很好地自我克制。
⑭ 做事总是有旺盛的精力。
⑮ 遇到问题常常举棋不定,优柔寡断。
⑯ 在人群中从不觉得过分拘束。
⑰ 情绪高昂时,觉得干什么都有趣;情绪低落时,又觉得什么都没有意思。
⑱ 当注意力集中于一事物时,别的事很难使我分心。
⑲ 理解问题总比别人快。
⑳ 碰到危险情景,常有一种极度恐惧感。
㉑ 对学习、工作、事业怀有很高的热情。
㉒ 能够长时间做枯燥、单调的工作。
㉓ 符合兴趣的事情,干起来劲头十足,否则就不想干。
㉔ 一点小事就能引起情绪波动。
㉕ 讨厌做那种需要耐心、细致的工作。

㉖ 与人交往不卑不亢。
㉗ 喜欢参加热烈的活动。
㉘ 爱看感情细腻,描写人物内心活动的文学作品。
㉙ 工作学习时间长了,常感到厌倦。
㉚ 不喜欢长时间谈论一个问题,愿意实际动手干。
㉛ 宁愿侃侃而谈,不愿窃窃私语。
㉜ 别人说我总是闷闷不乐。
㉝ 理解问题常比别人慢些。
㉞ 疲倦时只要短暂的休息就能精神抖擞,重新进入工作。
㉟ 心里有话宁愿自己想,不愿说出来。
㊱ 认准一个目标就希望尽快实现,不达目的,誓不罢休。
㊲ 学习、工作同样长时间,常比别人更疲倦。
㊳ 做事有些莽撞,常常不考虑后果。
㊴ 老师或师傅讲授新知识、新技术时,总希望他讲慢些,多重复几遍。
㊵ 能够很快地忘记那些不愉快的事情。
㊶ 做作业或完成一件工作总比别人花的时间多。
㊷ 喜欢运动量大的剧烈体育活动,或参加各种文艺活动。
㊸ 不能很快地把注意力从一件事转移到另一件事上去。
㊹ 接受一个任务后,就希望把它迅速解决。
㊺ 认为墨守成规比冒风险强些。
㊻ 能够同时注意几件事物。
㊼ 当我烦闷的时候,别人很难使我高兴起来。
㊽ 爱看情节起伏跌宕、激动人心的小说。
㊾ 对工作抱认真严谨、始终一贯的态度。
㊿ 和周围人们的关系总是相处不好。
51 喜欢复习学过的知识,重复做已经掌握的工作。
52 希望做变化大、花样多的工作。
53 小时候会背的诗歌,我似乎比别人记得清楚。
54 别人说我"出语伤人",可我并不觉得是这样。
55 在体育活动中,常因反应慢而落后。
56 反应敏捷,头脑机智。
57 喜欢有条理而不甚麻烦的工作。
58 兴奋的事常使我失眠。
59 老师讲新概念,常常听不懂,但弄懂以后就很难忘记。

⑥⓪ 假如工作枯燥无味,马上就会情绪低落。

评分与解释

把每题得分填入下表题号中并相加,计算各栏的总分。

胆汁质(A)	2	6	9	14	17	21	27	31	36	38	42	48	50	54	58	合计
多血质(B)	4	8	11	16	19	23	25	29	34	40	44	46	52	56	60	合计
黏液质(C)	1	7	10	13	18	22	26	30	33	39	43	45	49	55	57	合计
抑郁质(D)	3	5	12	15	20	24	28	32	35	37	41	47	51	53	59	合计

汇总:A(　　) B(　　) C(　　) D(　　)

(1) 如果某类气质得分明显高出其他三种,均高出 4 分以上,则可定为该类气质。如果该类气质得分超过 20 分,则为典型型;如果该类得分在 10～20 分,则为一般型。

(2) 两种气质类型得分接近,其差异低于 3 分,而且又明显高于其他两种,高出 4 分以上,则可定为这两种气质的混合型。

(3) 三种气质得分均高于第四种,而且接近,则为三种气质的混合型,如多血—胆汁—黏液质混合型或黏液—多血—抑郁质混合型。

(4) 如 4 栏分数皆不高且相近(<3 分),则为 4 种气质的混合型。多数人的气质是一般型气质或两种气质的混合型,典型气质和数种气质的混合型的人较少。

此外,凡是在 1、3、5……奇数题上答"2"或"1",或在 2、4、6……偶数题上答"—1"或"—2",每题各得 1 分,否则得半分。如果你是男性,总得分在 0～10 之间则非常内向,11～25 之间比较内向,26～35 之间介于内外向之间,36～50 之间比较外向,51～60 之间非常外向。如果你是女性,总得分在 0～10 之间非常内向,11～21 之间比较内向,22～31 之间介于内外向之间,32～45 比较外向,46～60 之间非常外向。

任务 2
了解性格及适合的职业领域

第一部分　任务学习引导

一、性格

在我们周围,常常可以看到有的人谦虚谨慎,有的人高傲自大,有的人坚强刚毅,有的人拘谨怯懦等等,这就是性格的差异表现。性格也可称为个性或人格,著名心理专家郝滨先生认为:"性格可界定为个体思想、情绪、价值观、信念、感知、行为与态度之总称,它确定了我们如何审视自己以及周围的环境。它是不断进化和改变的,是人从降生开始,生活中所经历的一切总和。"性格是一个人在对现实的稳定的态度和习惯了的行为方式中表现出来的人格特征,它表现一个人的艺术境界,受人的价值观、人生观、世界观的影响。这些具有道德评价含义的人格差异,我们称之为性格差异。性格是在后天社会环境中逐渐形成的,它是人的核心的人格差异。性格没有好坏之分,能最直接地反映出一个人的简单道德风貌。

二、性格的类型

在对性格的类型分析工作上,早期的斯布兰格提出的生活方式分类是一种影响较大的观点。按照社会活动的基本领域,斯布兰格将个体的性格分为六种类型,分别是:理性型、政治型、审美型、社会型、宗教型、经济型。具有理性型特点的人,比较重视以批判和理性的方法寻求真理;具有政治型特点的人,更重视拥有权力与影响力;具有审美型特点的人,是重视外形与和谐匀称的价值;具有社会型特点的人,强调对他人的爱;具有宗教型特点的人,关心对宇宙整体的理解和体验的融合;具有经济型特点的人,强调有效与实用。大多数的心理学家认为,这种对性格类型的划分,应该是与个体的社会活动以及职业发展有密切关系的。

其他对性格类型的划分包括:

第一,按照心理机能占优势的划分方法,将性格类型分为善于思考问题的理智型、情绪容易波动的情绪型、目标明确的意志型、没有明确优势机能倾向的中间型。

第二,根据心理活动倾向性的类型划分方法,将性格类型确定为外倾型和内倾型,前者善于表露情感,与人交往开朗而活跃,后者不善于表露情感,与人交往显得沉静而孤僻。

第三,按照思想行为独立性特点的划分方法,将性格类型分为顺从型和独立型,前者独立性差,易受暗示,容易在紧急情况下表露出惊慌失措,而独立型则善于思考与解决问题,不受外来影响干扰,能镇定自若,积极发挥自己的作用。

以上这些对性格类型的划分,都是从某个方面反映性格现象的差异,并不是完全、准确地对性格现象的整体反映。这也说明性格现象的复杂性,以及认识和把握它的困难。因此,在学习与实际应用上,我们不能简单地认识问题,而要结合不同的观点,对性格现象进行综合的分析判断。

三、性格差异的应用

1. 应用的范围

性格差异的分析,可用于思想教育、人员选拔、行为预测等。

（1）思想教育。思想教育是促进性格发展和改变的一个重要途径。在思想教育中应当了解和掌握人员的性格特征，以便"对症下药"，从而提高思想教育的效果。例如，对于理智型者，应当着重通过认知提供有关的信息，让他们自己考虑解决态度问题；对于经济型者，要着重从价值观分析问题，并触及个人利益，从而推动有关态度的改变和发展；对于独立型者，要多启发独立思考，切忌施加压力，以免引起"逆反心理"，不利于态度的改变和发展。

（2）人员选拔。在人员选拔中，对性格特征方面要着重考核思想品质，如工作态度、责任心、自我控制力、价值观、世界观等。对管理人员，特别是高层次领导人的选拔，更应重视性格特征的考核。

（3）行为预测。性格差异对行为预测有重要意义，应当切实掌握人员的性格类型，借以推测他们可能表现的态度及有关的行为方式，以便有助于合理地安排和分配工作任务。对独立型者，相信其在紧急和困难的情况下能镇静自如地处理问题；对情绪型者，要估计到其行为易受情绪所左右；对内倾型者，要知道让其完成与交际有关的任务是有困难的。对人员性格的预测，还有助于必要时在工作中采取预防性措施，使工作免遭受损失，得以顺利进行。

2. 应用的原则

性格应用要遵循以下原则：

（1）性格顺应原则。为了工作的开展，顺应人员的某些性格特征，采取相应的措施，叫做性格顺应原则。要改变性格特征是不容易的，有些性格特征也没有必要加以改变。因此，要求我们从工作出发，按照性格顺应原则办事。例如，权力型者与权力型者因争夺权力而发生矛盾，把其中之一调离；某些职工的价值观与众不同，对他们适当地采取相应的鼓励方式；由于态度不同，允许人员保留对有关问题的看法。遵循性格顺应原则，于公于私都有利。

（2）性格互补原则。在处理人际关系时，应考虑到与其相关的性格问题，充分发挥人们的不同性格的互补作用，以利于人际关系的发展，这就是性格互补原则。性格对人际关系的发展有着很大的影响。有的人自尊心适中、谦虚有礼、待人和气；也有的人与此相反。有的人对他人善良、诚实、热情；也有的人与此相反。诸如此类性格特征，必然影响到集体中人际关系的发展，如果因人们的性格问题已在人际关系中造成尖锐的矛盾，则应当调配人员，一方面消除人际关系的矛盾；另一方面使各种不同类型的人相处，起到取长补短、相互促进人际关系发展的互补作用。

四、性格与职业生涯规划

性格是人格的构成部分之一。人格的包含成分中，气质和认知风格不易发生改变，没有好坏之分。而性格是后天在社会环境中逐渐形成的，是人的最核心的人格差异，受人的价值观、人生观、世界观的影响，有好坏之分，体现了一定的社会性和道德性，它的特征最直接地反映出一个人的道德风貌。

性格与我们职业生涯规划联系密切，好的性格品质在职业生涯中发挥着良好的促进发展的作用，而不良的性格品质却阻碍我们的发展。因此，为了扩大我们适应职业的范围，提高我们与职业的契合度，形成有效的生涯决策，我们需要不断了解我们的性格，发挥其优势，改善其不良性格品质是非常必要的。不同的性格特征有不同的职业领域与之相适应，如表2-1所示。

表2-1 16种职业性格类型的特点及适合的职业领域[①]

ISTJ（稽查员）	ISFJ（保护者）	INFJ（咨询师）	INFP（导师）
性格特点： ● 严肃、有责任感； ● 严谨、勤奋、有条不紊而且专心致志； ● 能记住细节，并对细节很有判断力； ● 喜欢事情被切实而清楚的安排好。	性格特点： ● 忠诚、投入，对他人的情感有敏锐的感觉； ● 愿意把事情清楚而明确的安排好； ● 比较保守，有传统观念； ● 安静而且谦逊，认真严肃，工作努力。	性格特点： ● 生活在一个充满想法的世界中，是独立的思考者； ● 相信自己的想法和决定，就算面对别人的质疑； ● 忠诚、有责任心，并且理想化； ● 全力维护人际关系和避免冲突； ● 认真思考后再行动，在同一时间只做一件事情； ● 重感情、有同情心，有非常强的愿望为大家做贡献。	性格特点： ● 把内在的和平看得比什么都重要； ● 比较通融、较有容忍力、适应性强； ● 思路开阔，好奇心强、有洞察力、富有远见； ● 一旦做出选择就约束自己去完成； ● 对他人的情感十分在意，避免冲突； ● 很少把自己的情感表达出来，通常表现得沉着而冷静。
适合的职业领域： ● 商业； ● 销售或服务； ● 教育； ● 法律或应用科学； ● 卫生保健。	适合的职业领域： ● 卫生保健； ● 社会服务或教育； ● 商业或服务； ● 设计或技术。	适合的职业领域： ● 咨询或教育； ● 宗教； ● 创造性的职业； ● 健康保健或社会服务； ● 商业； ● 技术服务。	适合的职业领域： ● 创造性职业或艺术； ● 教育或咨询； ● 宗教； ● 健康保健； ● 技术服务。

[①] 参考《就业宝典》，经整理而来。

(续表)

ESTJ(督导)	ESFJ(提供者)	ENFJ(教师)	ENFP(激发者)
性格特点： ● 喜欢做决定； ● 很实际，对具体的事物更感兴趣； ● 生活很有原则； ● 外向、社会型、直爽而友好。	性格特点： ● 喜欢通过直接的行动与合作给他人提供实际的帮助； ● 非常重视与他人的关系； ● 很实际而且有条理； ● 谨慎而传统。	性格特点： ● 把人和人际关系看得比什么都重要； ● 对自己敬仰的人、事业和工作单位非常忠诚； ● 有一种自我批评的倾向，很少在公共场合批评他人； ● 做决定时候常基于自己的感觉； ● 富有同情心、能够理解、支持、扶助他人。	性格特点： ● 充满热情并富于新思想； ● 看重事情的含义，并且把大部分选择都留着； ● 有想象力、适应性强，并且很警觉； ● 精力充沛，喜欢面对和解决问题； ● 总是避免矛盾，崇尚和睦。
适合的职业领域： ● 营销或服务； ● 科学技术或自然物理； ● 管理； ● 专业人员。	适合的职业领域： ● 卫生保健； ● 社会服务或咨询； ● 商业； ● 销售或服务业； ● 文书。	适合的职业领域： ● 信息传播； ● 咨询顾问； ● 教育或服务业； ● 卫生保健； ● 商业或咨询； ● 技术服务。	适合的职业领域： ● 创造性职业； ● 营销或策划； ● 教育或咨询； ● 健康保健或社会服务； ● 企业或商业； ● 技术服务。
ISTP(操作者)	ISFP(艺术家)	INTJ(智多星)	INTP(设计师)
性格特点： ● 诚实而且实际，更喜欢行动而不是言语； ● 善于分析，对客观含蓄的原理感兴趣； ● 好奇心强、善于观察，只信服坚实可信的事实； ● 安静而沉默。	性格特点： ● 更习惯于用行动表达自己的感受； ● 其实非常热情，但不喜欢表现出来； ● 有耐心、易通融，不对别人发号施令； ● 完全着眼现在，喜欢享受现在的经验而不是迅速冲向下一个挑战； ● 没有领导别人的欲望，往往是忠实的跟随者和合作伙伴。	性格特点： ● 追求完美，对自己和别人要求都很严格； ● 喜欢自己的方式做事； ● 具有创造性思维，杰出的洞察力和远见； ● 如果主意或计划是自己的，会投入难以置信的精力、专心和动力。	性格特点： ● 善于处理概念性问题； ● 外表安静、深藏不露、独立； ● 常常在内心中投入地思考问题，是天才而有创意的思考者； ● 对创造性的寻找解决问题的办法感兴趣。

项目二 自我认知

(续 表)

ISTP(操作者)	ISFP(艺术家)	INTJ(智多星)	INTP(设计师)
适合的职业领域： ● 销售或服务或活动； ● 技术； ● 健康护理； ● 商业或金融； ● "手工"或贸易。	适合的职业领域： ● 手工艺或技工； ● 健康护理； ● 科学技术； ● 销售或服务； ● 商业。	适合的职业领域： ● 商业或金融； ● 技术； ● 教育； ● 健康保健或医药； ● 专业性职业； ● 创造性职业。	适合的职业领域： ● 电脑应用及开发； ● 健康护理及技术； ● 专家或商业； ● 学术研究； ● 创造性的职业。
ESTP(发起者)	ESFP(示范者)	ENTJ(统帅)	ENTP(发明家)
性格特点： ● 从不担心，是天生的乐天派； ● 极端现实，相信自己的感觉带给他们的信息； ● 重视行动而不是言语； ● 友好、受欢迎，在社交场合中能很放松和自由。	性格特点： ● 经常以单纯而不怕难为情的方式给别人带来快乐； ● 适应性强，随意而安； ● 现实的观察者，能够看到并接受事物的本来面目； ● 能够容忍和接受自己和别人，而且不喜欢把自己的意愿强加给别人。	性格特点： ● 不轻易批评别人，而且不喜欢说不； ● 善于做决定； ● 注重真理，只有经过逻辑推理之后才会信服； ● 在做计划和研究新事物时很系统化； ● 善于组织群众，乐意把自己的想法与他人分享。	性格特点： ● 喜欢兴奋和挑战； ● 事业心强； ● 机警而坦率，可以从任何角度找出问题所在； ● 喜欢测试周围的限度； ● 通常能用自己的热情打动别人加入自己的事业中。
适合的职业领域： ● 销售或服务； ● 金融； ● 娱乐或体育； ● 商贸或手工类； ● 商业。	适合的职业领域： ● 教育或社会服务； ● 健康护理； ● 娱乐业； ● 商业； ● 服务业； ● 环境科学家。	适合的职业领域： ● 商业； ● 金融； ● 咨询或培训； ● 专业性职业； ● 技术。	适合的职业领域： ● 企业家或商人； ● 销售或创作； ● 计划和开发； ● 政治。

第二部分 学生活动

活动 性格的探索——MBTI人格测验（MBTI职业性格测试的相关理论内容详见：项目四职业生涯目标规划的任务3 员工职业生涯目标的确定）

MBTI测试前须知

(1) 参加测试的人员请务必诚实、独立地回答问题，只有如此，才能得到有效的结果。

(2)《性格分析报告》展示的是你的性格倾向,而不是你的知识、技能、经验。

(3) MBTI 提供的性格类型描述仅供测试者确定自己的性格类型之用,性格类型没有好坏,只有不同。每一种性格特征都有其价值和优点,也有缺点和需要注意的地方。清楚地了解自己的性格优劣势,有利于更好地发挥自己的特长,而尽可能的在为人处事中避免自己性格中的劣势,更好地和他人相处,更好地作重要的决策。

(4) 本测试分为四部分,共 93 题;需时约 18 分钟。所有题目没有对错之分,请根据自己的实际情况选择。选择 A 或者 B,请打"√"。

只要你是认真、真实地填写了测试问卷,那么通常情况下你都能得到一个确实和你的性格相匹配的类型。希望你能从中或多或少地获得一些有益的信息。

一、哪一个答案最能贴切的描绘你一般的感受或行为?

序号	问题描述	选项	E	I	S	N	T	F	J	P
1	当你要外出一整天,你会 A. 计划你要做什么和在什么时候做 B. 说去就去	A							○	
		B								○
2	你认为自己是一个 A. 较为随兴所至的人 B. 较为有条理的人	A								○
		B							○	
3	假如你是一位老师,你会选教 A. 以事实为主的课程 B. 涉及理论的课程	A			○					
		B				○				
4	你通常 A. 与人容易混熟 B. 比较沉静或矜持	A	○							
		B		○						
5	一般来说,你和哪些人比较合得来? A. 富于想象力的人 B. 现实的人	A				○				
		B			○					
6	你是否经常让 A. 你的情感支配你的理智 B. 你的理智主宰你的情感	A						○		
		B					○			
7	处理许多事情上,你会喜欢 A. 凭兴所至行事 B. 按照计划行事	A								○
		B							○	
8	你是否 A. 容易让人了解 B. 难于让人了解	A	○							
		B		○						
9	按照程序表做事 A. 合你心意 B. 令你感到束缚	A							○	
		B								○

(续表)

序号	问题描述	选项	E	I	S	N	T	F	J	P
10	当你有一份特别的任务,你会喜欢 A. 开始前小心组织计划 B. 边做边找须做什么	A B							○	○
11	在大多数情况下,你会选择 A. 顺其自然 B. 按程序表做事	A B							○	○
12	大多数人会说你是一个 A. 重视自我隐私的人 B. 非常坦率开放的人	A B		○						
		B	○							
13	你宁愿被人认为是一个 A. 实事求是的人 B. 机灵的人	A B			○	○				
14	在一大群人当中,通常是 A. 你介绍大家认识 B. 别人介绍你	A B	○	○						
15	你会跟哪些人做朋友? A. 常提出新主意的 B. 脚踏实地的	A B			○	○				
16	你倾向 A. 重视感情多于逻辑 B. 重视逻辑多于感情	A B					○	○		
17	你比较喜欢 A. 坐观事情发展才作计划 B. 很早就作计划	A B							○	○
18	你喜欢花很多的时间 A. 一个人独处 B. 和别人在一起	A B	○	○						
19	与很多人一起会 A. 令你活力倍增 B. 常常令你心力交瘁	A B	○	○						
20	你比较喜欢 A. 很早便把约会、社交聚集等事情安排妥当 B. 无拘无束,看当时有什么好玩就做什么	A B							○	○
21	计划一个旅程时,你较喜欢 A. 大部分的时间都是跟当天的感觉行事 B. 事先知道大部分的日子会做什么	A B							○	○
22	在社交聚会中,你 A. 有时感到郁闷 B. 常常乐在其中	A B	○	○						

(续 表)

序号	问题描述	选项	E	I	S	N	T	F	J	P
23	你通常 A. 和别人容易混熟 B. 趋向自处一隅	A	○							
		B		○						
24	哪些人会更吸引你？ A. 一个思维敏捷及非常聪颖的人 B. 实事求是，具丰富常识的人	A				○				
		B			○					
25	在日常工作中，你会 A. 颇为喜欢处理迫使你分秒必争的突发 B. 通常预先计划，以免要在压力下工作	A								○
		B							○	
26	你认为别人一般 A. 要花很长时间才认识你 B. 用很短的时间便认识你	A		○						
		B	○							

二、在下列每一对词语中，哪一个词语更合你心意？请仔细想想这些词语的意义，而不要理会他们的字形或读音。

序号	问题描述	选项	E	I	S	N	T	F	J	P
27	A. 注重隐私 B. 坦率开放	A		○						
		B	○							
28	A. 预先安排的 B. 无计划的	A							○	
		B								○
29	A. 抽象 B. 具体	A				○				
		B			○					
30	A. 温柔 B. 坚定	A						○		
		B					○			
31	A. 思考 B. 感受	A					○			
		B						○		
32	A. 事实 B. 意念	A			○					
		B				○				
33	A. 冲动 B. 决定	A								○
		B							○	

(续表)

序号	问题描述	选项	E	I	S	N	T	F	J	P
34	A. 热衷 B. 文静	A B	○	○						
35	A. 文静 B. 外向	A B	○	○						
36	A. 有系统 B. 随意	A B							○	○
37	A. 理论 B. 肯定	A B			○	○				
38	A. 敏感 B. 公正	A B					○	○		
39	A. 令人信服 B. 感人的	A B					○	○		
40	A. 声明 B. 概念	A B			○	○				
41	A. 不受约束 B. 预先安排	A B							○	○
42	A. 矜持 B. 健谈	A B	○	○						
43	A. 有条不紊 B. 不拘小节	A B							○	○
44	A. 意念 B. 实况	A B			○	○				
45	A. 同情怜悯 B. 远见	A B				○		○		
46	A. 利益 B. 祝福	A B					○	○		
47	A. 务实的 B. 理论的	A B			○	○				

(续 表)

序号	问题描述	选项	E	I	S	N	T	F	J	P
48	A. 朋友不多 B. 朋友众多	A		○						
		B	○							
49	A. 有系统 B. 即兴	A							○	
		B								○
50	A. 富想象的 B. 以事论事	A				○				
		B			○					
51	A. 亲切的 B. 客观的	A						○		
		B					○			
52	A. 客观的 B. 热情的	A					○			
		B						○		
53	A. 建造 B. 发明	A			○					
		B				○				
54	A. 文静 B. 爱合群	A		○						
		B	○							
55	A. 理论 B. 事实	A				○				
		B			○					
56	A. 富同情 B. 合逻辑	A						○		
		B					○			
57	A. 具分析力 B. 多愁善感	A					○			
		B						○		
58	A. 合情合理 B. 令人着迷	A			○					
		B				○				

三、哪一个答案最能贴切地描绘你一般的感受或行为

序号	问题描述	选项	E	I	S	N	T	F	J	P
59	当你要在一个星期内完成一个大项目,你在开始的时候会 A. 把要做的不同工作依次列出 B. 马上动工	A							○	
		B								○

(续 表)

序号	问题描述	选项	E	I	S	N	T	F	J	P
60	在社交场合中,你经常会感到 A. 与某些人很难打开话匣儿和保持对话 B. 与多数人都能从容地长谈	A B	○	○						
61	要做许多人也做的事,你比较喜欢 A. 按照一般认可的方法去做 B. 构想一个自己的想法	A B			○	○				
62	你刚认识的朋友能否说出你的兴趣 A. 马上可以 B. 要待他们真正了解你之后才可以	A B	○	○						
63	你通常较喜欢的科目是 A. 讲授概念和原则的 B. 讲授事实和数据的	A B			○	○				
64	哪个是较高的赞誉,或称许为 A. 一贯感性的人 B. 一贯理性的人	A B					○	○		
65	你认为按照程序表做事 A. 有时是需要的,但一般来说你不大喜欢这样做 B. 大多数情况下是有帮助而且是你喜欢做的	A B							○	○
66	和一群人在一起,你通常会选 A. 跟你很熟悉的个别人谈话 B. 参与大伙的谈话	A B	○	○						
67	在社交聚会上,你会 A. 是说话很多的一个 B. 让别人多说话	A B	○	○						
68	把周末期间要完成的事列成清单,这个主意会 A. 合你意 B. 使你提不起劲	A B							○	○
69	哪个是较高的赞誉,或称许为 A. 能干的 B. 富有同情心	A B					○	○		
70	你通常喜欢 A. 事先安排你的社交约会 B. 随兴之所至做事	A B							○	○

(续表)

序号	问题描述	选项	E	I	S	N	T	F	J	P
71	总的说来,要做一个大型作业时,你会选 A. 边做边想该做什么 B. 首先把工作按步细分	A								○
		B							○	
72	你能否滔滔不绝地与人聊天 A. 只限于跟你有共同兴趣的人 B. 几乎跟任何人都可以	A		○						
		B	○							
73	你会 A. 跟随一些证明有效的方法 B. 分析还有什么毛病,及针对尚未解决的难题	A			○					
		B				○				
74	为乐趣而阅读时,你会 A. 喜欢奇特或创新的表达方式 B. 喜欢作者直话直说	A				○				
		B			○					
75	你宁愿替哪一类上司(或者老师)工作 A. 天性淳良,但常常前后不一的 B. 言词尖锐但永远合乎逻辑的	A					○			
		B					○			
76	你做事多数是 A. 按当天心情去做 B. 照拟好的程序表去做	A								○
		B							○	
77	你是否 A. 可以和任何人按需求从容地交谈 B. 只是对某些人或在某种情况下才可以畅所欲言	A	○							
		B		○						
78	要作决定时,你认为比较重要的是 A. 据事实衡量, B. 考虑他人的感受和意见	A					○			
		B						○		

四、在下列每一对词语中,哪一个词语更合你心意

序号	问题描述	选项	E	I	S	N	T	F	J	P
79	A. 想象的 B. 真实的	A				○				
		B			○					

(续 表)

序号	问题描述	选项	E	I	S	N	T	F	J	P
80	A. 仁慈慷慨的 B. 意志坚定的	A						○		
		B					○			
81	A. 公正的 B. 有关怀心	A					○			
		B						○		
82	A. 制作 B. 设计	A			○					
		B				○				
83	A. 可能性 B. 必然性	A				○				
		B			○					
84	A. 温柔 B. 力量	A						○		
		B					○			
85	A. 实际 B. 多愁善感	A					○			
		B						○		
86	A. 制造 B. 创造	A			○					
		B				○				
87	A. 新颖的 B. 已知的	A				○				
		B			○					
88	A. 同情 B. 分析	A						○		
		B					○			
89	A. 坚持己见 B. 温柔有爱心	A					○			
		B						○		
90	A. 具体的 B. 抽象的	A			○					
		B				○				
91	A. 全心投入 B. 有决心的	A						○		
		B					○			
92	A. 能干 B. 仁慈	A					○			
		B						○		
93	A. 实际 B. 创新	A			○					
		B				○				

每项总分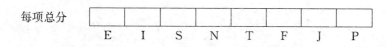

五、评分规则

(1) 当你将●涂好后,把 8 项(E、I、S、N、T、F、J、P)分别加起来,并将总和填在每项最下方的方格内。

(2) 请复查你的计算是否准确,然后将各项总分填在下面对应的方格内。

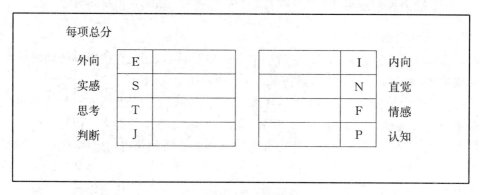

六、确定类型的规则

(1) MBTI 以四个组别来评估你的性格类型倾向:

"E—I""S—N""T—F"和"J—P"。请你比较四个组别的得分。每个子别中,获得较高分数的那个类型,就是你的性格类型倾向。例如:你的得分是:E(外向)12 分,I(内向)9 分,那你的类型倾向便是 E(外向)了。

(2) 将代表获得较高分数的类型的英文字母,填在下方的方格内。如果在一个组别中,两个类型获同分,则依据下边表格中的规则来决定你的类型倾向。

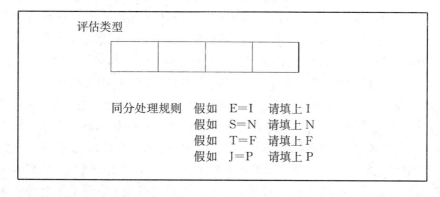

任务 3
培养职业能力

第一部分　任务学习引导

一、能力和职业能力

1. 基本内涵

什么是能力？能力是在实践活动中形成和发展起来的、直接影响活动的效率和成功率，使活动的任务得以顺利完成的心理特征。

人的能力可分为一般能力和特殊能力两类。一般能力是指人在任何活动中所必需的基本能力。如：感觉、记忆、想象、思维、判断等方面的能力。而特殊能力是指人在某种专业活动中表现出来的并保持这种专业活动获得高效率的能力。如：数学能力、音乐能力、机械操作能力、绘画能力等。职业能力是从事某种职业多种能力的综合，例如：一位教师只具有语言表达能力是不够的，还必须具有对教学的组织和管理能力，对教材的理解和使用能力，对教学问题和教学效果的分析、判断能力等。职业能力是了解自己能否胜任某种职业的依据，与职业选择具有直接的联系。

2. 现代人才职业能力的多重内涵

现代人才职业能力主要包括以下几个方面：

首先，是与具体工作相关的职业能力。即与自己所在公司的业务发展相关的构架、开发方法和工具。而且，这种职业能力与其所在公司的业务领域直接相关。不同的公司所面对的行业和从事的领域不同，决定了不同的业务主线，从而对具体的职业能力的要求也不同。如科研型职业人员应具备创造性，熟练的基本技能和理论理解以及应用，并把这三者融会贯通，协调结合起来的能力，还应具备独立思考，勤于实践的优良品质，以及不怕挫折的良好心理素质。而事务型职业人员在能力方面则要求具有较高的社交能力、语言表达能力和干练的办事能力等。

其次，知识结构的再整合能力。这种能力主要是为了应对来自信息社会知识更新的各种威胁。信息社会，知识"过时"会经常发生，而知识的过时就意味着一代人的过时，尤其对于许多理工科专业的大学生来说更是如此。因此，知识结构的再整合是现代人才必然要面对的问题。而知识结构的再整合是因人而异的。因为，在大学期间，老师教给的各学科知识属于散件，需要每个学生凭借自己的智慧和悟性予以整合，才能获得因人而异的独立思考能力和学习能力。而工作之后的知识结构再整合是对这一能力的进一步运用和提升,而且,此时的再整合是与具体的职业相联系的。因此,知识结构的再整合是现代人才必备的素质。最后,是建立在每个人各自不同的价值观、创造力基础上的市场运作能力。这一能力的培养需要经过一定时期的市场实战才能历练出来,在学校是无法学到的。像西门子、松下、惠普、微软等企业,面对瞬息万变的市场之所以能够成功,凭借的就是他们对市场的深刻理解力和对未来发展独到的洞察力。但是,分析这些企业走过的路径,我们又会发现,他们成功的路径各不相同。因为,这其中渗透着每一位企业家不同的价值观、激情促发的创造力。因此,只有建立在各自不同的价值观、创造力基础上的市场运作能力,才是一种与众不同的职业能力。

总之,持续发展的职业能力具有丰富的内涵。它是衡量高等人才是否真正转型为现代人才的重要标志,也是高等人才是否真正进入信息社会,并且能否成功应对来自信息社会各种威胁的必备素质。

二、职业能力培养的方法和途径

1. 通过专业知识的学习来培养职业能力

要想通过专业知识的学习来获得专业能力,有必要对专业知识的含义和专业能力有一定的了解。专业知识是指在特定行业、环境、工作、活动等特定条件下,履行岗位职责,完成工作任务所必需的知识,与所从事的职业密切相关,具有一定的针对性和适用范围,包括专业理论、专业技术等方面的知识。专业能力是职业能力中的核心内容,随着职业的日益分化,细化,无论从事何种工作,都必须具备过硬的专业能力,否则就无法履行自身的岗位职责。一个人的专业能力越强,在职业活动中所发挥的作用就越显著。专业知识是职业能力,尤其是专业能力形成的基础。

2. 通过通识知识的学习来培养职业能力

通识知识是指在普遍的条件下,工作和进行与工作相关的生活、学习等方面所必须具备的基本知识,是一个人开展工作、活动的前提,具有普遍的适用范围。通识知识是一个人的基本能力形成的基础。随着职业要求的不断提高,单纯的专业能力不能满足工作的发展需要,因此需要从业人员具有广博的综合知识和基本能力,能够辅助工作顺利开展。通识知识的学习能够培养一个人适应社会的能力、组织管理能力、沟通协调能力、创新能力等等。

3. 通过加强社会实践来培养自己的职业能力

社会实践活动对于培养一个人的能力具有重要作用。社会实践活动能够积累社会经验,提高基本能力。它还能够加强实际应用能力,提高专业技能。通过社会实践活动,能够促进个人的专业理论学习与实践更紧密的结合,更系统的了解领域的知识结构,巩固和拓宽所学的专业知识,培养分析问题和解决问题的能力、创新能力,提高专业知识的应用能力、实践动手能力和创业能力,使之对本专业建立感性认识。

4. 通过进行职业生涯规划来培养自己的职业能力

职业生涯规划的目的是围绕个人的人生目标,明确人生阶段的任务,有计划、有步骤地去完成,最终实现自己的人生目标。

三、不同类型职业能力的基本框架

不同类型职业人员的能力体系不同,职业对录用人员的素质要求不一样,现分别就科研型、管理型、事务型、文化型、工程型和社会型职业人员的素质要求做出解释。

1. 科研型职业应具备的素质

科研工作是一种创造性劳动,科研型人员应具备以创造力为核心的知识结构。在知识结构方面,具备宽厚扎实的基础知识、外语交流能力,既要有专长又要有较渊博的知识,达到专与博的有效结合。具备创造性、熟练的基本技能和理论理解及应用,把这三者融会贯通、协调结合起来的能力。具备独立思考、勤于实践、不怕挫折的良好心理素质。

2. 管理型职业应具备的素质

从事管理型职业人员应具备的素质,主要包括以下几点:忠于贯彻国家的方针政策并能灵活运用,有高度的公众意识。具备坚实的管理专业理论和实际知识,同时具有较广博的自然知识和社会知识。具备一定的领导,组织协调和社会才能以及中外语言文字表达能力。具有健康的身体和充沛的精力以应付千头万绪和千变万化的工作。

3. 事务型职业应具备的素质

事务型职业,是指与组织机构内部日常的制度性、规范性、信息传播等有关的事务处理的职业活动,如打字员、档案管理员、办事员、秘书、图书管理员、法院书记等。事务型职业对从业者的素质要求,在知识方面侧重于基础文化知识,对于职业技术专门的知识有较具体的了解,要懂得统计、档案管理知识,熟悉专门法规和规章条例,一些涉及外国单位对外语也有较高的要求。事务型职业不少岗位需要员工严守纪律、保守秘密,有的还有礼仪方面的特殊要求。在能力方面要求具有较高的社交能力、语言表达能力和干练的办事能力等。

4. 工程型职业应具备的素质

工程型职业,主要是指工业、建筑业等行业的工程技术人员应具备的素质要求:要有不辞劳苦、艰苦奋斗的创业精神和严肃认真、一丝不苟的求实工作态度。

要谦虚谨慎,深入工作第一线,能和同事密切合作。在牢固掌握专业知识的基础上,对相近专业的知识要比较了解,并有较好的外语水平、计算机应用能力、语言表达能力和理论应用实际的能力。

5. 文化型职业应具备的素质

文化型职业,如作家、服装设计师、音乐家、舞蹈家、摄影家、书画雕刻家、广告设计师等。文化型职业在知识和能力方面对从业者素质的要求是:能博采众长和广泛涉猎,敏锐的观察力,丰富的想象力,坚强的毅力,得天独厚的艺术天赋,不断的创新精神。

6. 社会型职业应具备的素质

社会型职业包括教育人、救死扶伤、提供公共服务、协调人际关系、为人民提供生活便利的工作,如:教师、医生、律师、法官、广播电视工作者等社会共工服务人员。社会型职业要求从事其职业的人员:在知识素质方面,应具有基础的科学文化知识,尤其是应该具备广泛的知识面和职业要求的专业知识;在能力素质方面,要有一定事实上的理解能力、社会活动能力、组织协调能力、自身形象设计能力和文字表达能力等。随着经济的全球化,人才竞争的国际化,中外语言的表达能力和计算机操作使用技能已成为各种职业类型所要具备的基本技能。

第二部分 学 生 活 动

活动 能力测试

下面的测验包括九个方面的能力的简易量表,每种能力倾向都有四道试题。测验时,请你仔细阅读每一道题,并采用五级评分法对自己进行判定。

(一)一般学习能力倾向(G)	强1	较强2	一般3	较弱4	弱5
1. 快而容易地学习新内容					
2. 快而正确地解数学题					
3. 对课文的字、词、段落、篇章的理解、分析和综合能力					
4. 对学习过的材料的记忆能力					
(二)言语能力倾向(V)	强1	较强2	一般3	较弱4	弱5
1. 善于表达自己的观点					
2. 阅读速度和理解能力					

(续表)

3. 掌握词汇量的程度					
4. 你的语文成绩					
(三)算术能力倾向(N)	强 1	较强 2	一般 3	较弱 4	弱 5
1. 作出精确的测量					
2. 笔算能力					
3. 口算能力					
4. 你的数学成绩					
(四)空间判断能力倾向(S)	强 1	较强 2	一般 3	较弱 4	弱 5
1. 解决立体几何方面的习题					
2. 画三维度的立体图形					
3. 想象盒子展开后的平面图					
4. 想象三围度的物体					
(五)形态知觉能力倾向(P)	强 1	较强 2	一般 3	较弱 4	弱 5
1. 发现相同图形中的细微差别					
2. 识别物体的形状差异					
3. 注意物体的细节部分					
4. 观察物体的图案是否正确					
(六)书写知觉能力倾向(Q)	强 1	较强 2	一般 3	较弱 4	弱 5
1. 快而准地抄写资料					
2. 发现错别字					
3. 发现计算错误					
4. 能很快查找编码卡片					
(七)眼手运动协调能力倾向(K)	强 1	较强 2	一般 3	较弱 4	弱 5
1. 玩电子游戏					
2. 打篮球、排球、足球一类活动					
3. 打乒乓球、羽毛球运动					
4. 打字能力					
(八)手指灵巧度(F)	强 1	较强 2	一般 3	较弱 4	弱 5
1. 灵巧地使用很小的工具					
2. 穿针眼、编织等使用手指的活动					

(续 表)

3. 用手指做一件小工艺品					
4. 使用计算器的灵巧程度					
(九)手腕灵巧度(M)	强 1	较强 2	一般 3	较弱 4	弱 5
1. 用手把东西分类					
2. 在推拉东西时车的灵活性					
3. 很快地削苹果					
4. 灵活地使用手工用具					

计分方法:选"强"得 5 分,选"较强"得 4 分,选"一般"得 3 分,选"较弱"得 2 分,选"弱"得 1 分。计算每一类能力的自评等级:自评等级=总分÷4;最后,将自评等级填入下表。

职业能力倾向	自评等级	职业能力倾向	自评等级
G		Q	
V		K	
N		F	
S		M	
P			

根据结果对照下表,可找到你适合的职业。

职业类型	职业能力倾向							
	G	V	N	S	P	Q	K	F	M
生物学家	1	1	1	2	2	3	3	2	3
物理科学技术员	2	3	3	3	2	3	3	3	3
数学家和统计学家	1	1	1	3	3	2	4	4	4
系统分析和计算机程序员	2	2	2	2	3	3	4	4	4
经济学家	1	1	1	4	4	2	4	4	4
社会学家、人类学者	1	1	2	2	2	3	4	4	4
心理学家	1	1	3	4	4	4	4	4	4
历史学家	1	1	4	3	3	4	4	4	4
哲学家	1	1	3	2	2	3	4	4	4

项目二 自我认知

（续表）

职业类型	职业能力倾向								
	G	V	N	S	P	Q	K	F	M
政治学家	1	1	3	4	4	3	4	4	4
社会工作者	2	2	3	4	4	3	4	4	4
法官	1	1	3	4	3	3	4	4	4
律师	1	1	3	4	3	4	4	4	4
职业指导者	2	2	3	4	4	3	4	4	4
大学教师	1	1	3	3	2	3	4	4	4
小学和幼儿园教师	2	2	3	3	3	3	3	3	3
中学教师	2	2	3	4	3	3	4	4	4
营养学家	2	2	2	3	3	3	4	4	4
画家、雕刻家	2	3	4	2	2	5	2	1	2
产品设计和内部装饰者	2	2	3	2	2	4	2	2	3
舞蹈家	2	2	4	3	4	4	4	4	4
演员	2	2	3	4	4	3	4	4	4
电台播音员	2	2	3	2	2	4	2	2	2
作家和编辑	2	1	3	3	3	3	4	4	4
翻译人员	2	1	4	4	4	3	4	4	4
体育教练	2	2	2	4	4	3	4	4	4
体育运动员	3	3	4	2	3	4	2	2	2
秘书	3	3	3	4	3	2	3	3	3
统计员	3	3	2	3	3	2	3	3	4
一般办公室职员	3	4	3	4	4	3	3	4	4
商业经营管理	2	2	3	4	4	4	4	4	4
警察	3	3	3	4	3	3	3	4	3
导游	3	3	4	3	3	5	3	3	3
驾驶员	3	3	3	3	3	3	3	4	3

任务 4
培养职业兴趣

第一部分　任务学习引导

一、兴趣、职业兴趣与生涯规划

兴趣是指建立在需要基础上，带有积极情绪色彩的认知和活动倾向，是个人对其环境中的人、事、物所产生的喜爱程度，是个人力求认识、掌握某事物，并经常参与该种活动的心理倾向。当个人对某事物有兴趣时，会对它产生特别的注意力，对该事物感知敏锐、记忆牢固、思维活跃、情感浓厚、意志坚强。让我们感到最为愉悦和满足，并且能够达到忘我境界的某种活动，那必定是我们的兴趣所在，因此，我们也可以看出兴趣和工作满意度、职业稳定性和职业成就感之间存在着明显的正相关。所以说，兴趣是职业生涯发展的重要依据，是个人在进行职业规划中自我探索的一个重要方面。

职业兴趣是指人们对某种职业活动具有的比较稳定而持久的心理倾向。它是一个人探究某种职业或从事某种职业活动所表现出来的特殊个性倾向，它使个人对某种职业给予优先的注意，并具有向往的情感。由于兴趣爱好不同，人的职业兴趣也有很大的差异。有人喜欢具体工作，例如，室内装饰、园林、美容、机械维修等；有人喜欢抽象和创造性的工作，例如，经济分析、新产品开发、社会调查和科学研究等。职业兴趣对职业选择和职业发展都有一定的影响。

二、职业兴趣的分类

美国著名的心理学家、职业指导专家约翰·霍兰德(John Holland)，他于1959年提出了具有广泛社会影响的职业兴趣理论。认为凡是具有职业兴趣的职业，都可以提高人们的积极性，促使人们积极地、愉快地从事该职业，且职业兴趣与人格之间存在很高的相关性。霍兰德将人们的兴趣特点和职业的性质联系起来分为6种类型：现实型、研究型、艺术型、社会型、企业型、常规型。(霍兰德SDS职业兴趣测试的相关理论内容详见："项目四职业生涯目标规划"的"任务3　员工职业生涯目标的确定")

三、职业兴趣的培养

兴趣的发生和发展一般要经历这样一个过程：有趣—乐趣—志趣。

（1）有趣是兴趣过程的第一个阶段，也是兴趣发展的低级阶段，它往往短暂易逝，非常不稳定。处于这一阶段的兴趣常常与你对某一事物的新奇感相联系，随着这种新奇感的消失，兴趣也会自然地逝去。

（2）乐趣是兴趣过程的第二个阶段，它是在有趣定向发展的基础上形成的，是兴趣发展的中级阶段。在这一阶段中，人的兴趣变得专一、深入起来，如喜爱文学的人很可能会成天沉溺于文学作品中。

（3）志趣是兴趣发展过程的第三个阶段，当乐趣同你的社会责任感理想、奋斗目标结合起来时，乐趣便变成了志趣。志趣是你取得成就的根本动力，是成功的重要保证。

不少研究资料表明，并不是所有的兴趣都应该或能够在自己的职业中体现。关键在于在工作和生活之间的协调与平衡，以及工作与个人爱好的适度统一。兴趣并不是能力，也不代表成就，而是无论遇到什么，都会产生动力的源泉。如何培养自己的职业兴趣呢？

① 主动参与职业实践活动。职业兴趣只有在真正的社会实践活动中才会形成和巩固，而且关键在于亲自参与，从活动中获得亲身体验。例如，可以到与所学专业相关的企事业单位参观，了解所学专业的重要作用和岗位成才的事迹，帮助自己增加对即将从事的职业或已从事的职业的兴趣和热爱。

② 注意培养间接兴趣。间接兴趣是指由活动的目的、结果引起的兴趣。例如，学习编计算机程序和文字输入规则很枯燥，但是，想到将来从事的任何职业都需要掌握计算机技能才会有更好的发展，就会对计算机学习产生间接兴趣，从而努力克服学习中的困难。

③ 客观评价和确定职业兴趣。对某类职业有浓厚的兴趣，并不能说明一定适合这类职业，关键在于是否具备相应的职业能力。换言之，渴望从事某类或某种职业这只是我们一厢情愿。今天，人才交流已转入市场机制，在一些紧俏的职位招聘中，只有具有较高职业能力和职业道德的人才能获得这种机会。所以，应当客观地评价和确定自己的职业兴趣。既要考虑到自己想干什么，更要考虑到自己的能力适合干什么。

第二部分　学　生　活　动

活动 职业兴趣自我测验

为了进一步探索职业兴趣，除了霍兰德职业测评量表以外，还有许多测评工具应运而生。如，1927年斯特朗编制了《斯特朗职业兴趣调查表》、1939年库德发表了《库德爱好调查表》等。为了能够让同学们对这些测验工具有一个简单的了解，在这里我们给大家提供一个简单的职业兴趣自我测验，以供用来作为参考。

【测试题】对1~45问题逐一比较A，B两句，在描述你相对更喜欢的活动或工作的句子上面画○，如果两个选项无法抉择则均画△；

A	B		
1. 写出一本书的梗概	出席讨论会	A	B
2. 分析决算书	构思新游戏	A	B
3. 解难题	假日做木工活	A	B
4. 操作计算机	研究害虫与杂草	A	B
5. 研究改良水稻品种	研究人体结构	A	B
6. 制作骨骼标本	绘制卡路里表	A	B
7. 选择窗帘布料	担任旅行干事	A	B
8. 跳集体舞	焙烧陶器	A	B
9. 在日记本上画画	慢跑	A	B
10. 制作盲文书	与强盗搏斗	A	B
11. 熨东西	构思广告版面	A	B
12. 研究感冒药成分	记录比赛得分	A	B
13. 培育树苗	烤面包	A	B
14. 安装组合音响	帮组别人拍X光照片	A	B
15. 在实验室工作	当动物饲养员	A	B
16. 声援他人选举	编制微机程序	A	B
17. 欣赏电影	观测天体	A	B
18. 制作图书卡片	去参观工厂	A	B
19. 随卡拉OK唱歌	进行水质检查	A	B
20. 采集昆虫	学习人工呼吸	A	B
21. 调整大楼暖气设备	整理书架与影集	A	B
22. 搭乘远洋渔轮	照顾贫困户	A	B
23. 检查血型	画漫画	A	B
24. 改建房屋	参加越野长途比赛	A	B
25. 解剖青蛙	节日抬神轿	A	B
26. 在牧场工作	乐器店工作	A	B

(续表)

A	B	
27. 用圆规与直尺作图	制作同学会名册	A　　B
28. 做统计表	制作生活日历	A　　B
29. 思考新产品如何推销	看手术的幻灯片	A　　B
30. 归纳采访通讯	训练猎犬与信鸽	A　　B
31. 通读文学全集	帮助配药	A　　B
32. 研究股票市场	访问亲戚家	A　　B
33. 研究公害	读书给人听	A　　B
34. 办飞机驾驶许可证	参加合唱队	A　　B
35. 设计庭院	练健美	A　　B
36. 拆装相机或钟表	出席冗长的大会	A　　B
37. 参观科学博物馆	去听歌剧	A　　B
38. 当电话服务员	当个人生活顾问	A　　B
39. 记日记	哄孩子	A　　B
40. 解纵横字谜	教孩子唱歌跳舞	A　　B
41. 参加电视演出	构思设计与装潢	A　　B
42. 绘气象图	做体力测定记录	A　　B
43. 写税金申报表	帮人搬家	A　　B
44. 编辑剪报	装饰橱窗	A　　B
45. 编辑杂志	当滑雪教练	A　　B

(计分方法)

每题中画○得 2 分,画△得 1 分,请分别填入职业兴趣测试得分表中。

职业兴趣测试得分表

	Ⅰ	Ⅱ	Ⅲ	Ⅳ	Ⅴ	Ⅵ	Ⅶ	Ⅷ	Ⅸ	Ⅹ
1	A	B								
2		A	B							
3			A	B						
4				A	B					
5					A	B				

(续表)

	I	II	III	IV	V	VI	VII	VIII	IX	X
6						A	B			
7							A	B		
8								A	B	
9									A	B
10								A	B	
11							A	B		
12						A	B			
13					A	B				
14				A	B					
15			A	B						
16		A	B							
17	A	B								
18	A	B								
19		A	B							
20			A	B						
21				A	B					
22					A	B				
23						A	B			
24							A		B	
25							A		B	
26						A		B		
27					A			B		
28				A				B		
29			A				B			
30	A					B				
31	A						B			
32			A				B			
33				A					B	
34				A					B	

项目二 自我认知

(续 表)

	Ⅰ	Ⅱ	Ⅲ	Ⅳ	Ⅴ	Ⅵ	Ⅶ	Ⅷ	Ⅸ	Ⅹ
35					A					B
36				A						B
37				A					B	
38		A						B		
39	A						B			
40	A						B			
41		A							B	
42				A						B
43		A								B
44	A								B	
45	A								B	
合计										

〔结果说明〕

将职业兴趣测试得分表中Ⅰ～Ⅹ的各竖栏的得分累积起来。分别填入各项下面的合计栏中。如果填写正确，10个合计格中的总和应为90分。

每项竖栏得分在13分以上为你"特别感兴趣的领域"，10～13分之间为你"感兴趣的领域"，6～9分为"兴趣一般的领域"，6分以下为"不感兴趣的领域"。

(1) 人文科学：本国文学、外国文学、宗教文学、史学、哲学、心理学、人际关系学、教育学、教育行政学等。

(2) 社会科学：法学、政治学、经济学、商学、经营学、社会学等。

(3) 理科：数学、物理学、化学、地质学、生理学、天文学、生物化学等。

(4) 工科：机械学、建筑学、土木工程、应用化学、金属工程、资源工程、船舶工程、原子能工程、造船工程、原子核工程、航空工程、信息工程、环境工程、控制工程、通信工程等。

(5) 农科：农学、园艺学、农用化学、农业经济学、林学、畜产学、兽医学、水产雪、食品工程学等。

(6) 医科：医学、口腔学、药学、药剂学、生物要学、保健等。

(7) 家务：家务学、家政学、食品学、儿童学、生活学等。

(8) 教育：幼师、小学师范、中学师范、保健师范、特殊师范(包括音乐、美术、书法、护理、保健体育)、聋哑师范、高中师范等。

(9) 艺术：美术、造型、设计、雕刻、艺术、音乐、作曲、声乐、器乐、指挥、乐理、摄影、电影、表演等。

(10) 体育：包括体育、武术、健康学等。

这个测验量表只是一个简单的参考，如果大家想真正的了解自己的职业兴趣倾向，还需要在专家的指导下去完成霍兰德职业兴趣测评量表。

任务 5 ☞
确定职业价值观

第一部分　任务学习引导

一、价值观、职业价值观与职业生涯规划

价值观，是某些对你来说很重要，值得和应该去做的事情。根据自身价值观来选择工作，进行有效的生涯决策，有利于提高对工作的满意度和效率。职业价值观也被称作工作价值观，是个人追求的与工作有关的目标，即个人在从事满足自己内在需求的活动时所追求的工作特质或属性，它是个体价值观在职业问题上的反映。

职业价值观决定了人们的职业期望，影响着人们对职业方向和职业目标的选择，决定着人们就业后的工作态度和劳动绩效水平，从而决定了人们的职业发展情况。哪个职业好？哪个岗位适合自己？从事某一项具体工作的目的是什么？这些问题都是职业价值观的具体表现。

二、职业价值观的特性

1. 职业价值观是因人而异的

由于每个人的先天条件和后天经历不同，其职业价值观的形成也会受到不同的影响，因此，每个人都有自己的价值观和价值观体系。在同样的客观条件下，具有不同价值观和价值观体系的人，其动机模式不同，产生的行为也不同。

2. 职业价值观是相对稳定的

价值观是人们思想认识的深层基础，它形成了人们的世界观和人生观。它是随着人们认知能力的发展，在环境、教育的影响下，逐步培养而成的。人的价值观一旦形成，便会相对稳定。但当自身状况和外界环境发生较大变化时，职业价值观也会随之而变。

3. 职业价值观是具有阶段性的

根据马斯洛的需求层次理论,当人低层次的需要得到满足以后,就会产生更高层次的需求。从职业人生来看,大多数人的职业价值观是具有阶段性的,特别是随着某一阶段的自身需求满足后,新的职业价值观也就会随之产生并确定下来。

4. 职业价值观不是唯一的

人的职业价值观不是唯一的,择业时会有多个动机支配他的选择,人们常常为选择感到痛苦时,就是因为个人的职业价值观不唯一,而在某一职业中又难以得到全部满足,从而患得患失。

三、职业价值观的分类

根据不同的划分标准,人们对职业价值观的种类划分也不同。美国心理学家洛特克在其所著《人类价值观的本质》一书中,提出13种价值观:成就感、审美追求、挑战、健康、收入与财富、独立性、爱、家庭与人际关系、道德感、欢乐、权利、安全感、自我成长和社会交往。我国学者阚雅玲将职业价值观分为以下12类。

1. 收入与财富

工作能够明显有效地改变自己的财务状况,将薪酬作为选择工作的重要依据。工作的目的或动力主要来源于对收入和财富的追求,并以此改善生活质量,显示自己的身份和地位。

2. 兴趣特长

以自己的兴趣和特长作为选择职业最重要的因素,能够扬长避短、趋利避害、择我所爱、爱我所选,可以从工作中得到乐趣、得到成就感。在很多时候,会拒绝做自己不喜欢、不擅长的工作。

3. 权力地位

有较高的权力欲望,希望能够影响或控制他人,使他人照着自己的意思去行动;认为有较高的权力地位会受到他人尊重,从中可以得到较强的成就感和满足感。

4. 自由独立

在工作中能有弹性,不想受太多的约束,可以充分掌握自己的时间和行动,自由度高,不想与太多人发生工作关系,既不想治人也不想治于人。

5. 自我成长

工作能够给予受培训和锻炼的机会,使自己的经验与阅历能够在一定的时间内得以丰富和提高。

6. 自我实现

工作能够提供平台和机会,使自己的专业和能力得以全面运用和施展,实现自身价值。

7. 人际关系

将工作单位的人际关系看得非常重要,渴望能够在一个和谐、友好甚至被关爱的环境工作。

8. 身心健康

工作能够免于危险、过度劳累,免于焦虑、紧张和恐惧,使自己的身心健康不受影响。

9. 环境舒适

工作环境舒适宜人。

10. 工作稳定

工作相对稳定,不必担心经常出现裁员和辞退现象,免于经常奔波找工作。

11. 社会需要

能够根据组织和社会的需要响应某一号召,为集体和社会作出贡献。

12. 追求新意

希望工作的内容经常变换,使工作和生活显得丰富多彩,不单调枯燥。

四、职业价值观的确定

要确定自己的职业价值观,你就需要在做出职业选择的过程中,仔细觉察自己选择时所依据的内心价值观。可分为三个阶段,共七个步骤。

1. 选择阶段

(1) 完全自由地选择,不存在任何人强迫你这样做,进而思考:"我是从什么时候第一次产生这种想法的。"

(2) 在尽可能广泛的范围内自由选择。具体做法:①辨别与问题有关的价值观;②辨别其他可能有关的价值观;③整理上述每一种价值观及其可能对选择产生的后果。如思考"在产生这一想法之前,我经常考虑什么事情"。如果给你一个机会扮演好莱坞电影中的主角,或是向你提供哈佛大学工商管理学院的全额奖学金,你会选择哪一个? 选前者凸显某些如创造性、声望、荣耀、金钱和冒风险的价值,选后者显示你更看重声望、金钱、教育、智力的刺激和财务上的稳定性。

(3) 对各种途径产生的后果三思后进行选择。我们一般都会在做出重大决定前考虑到后果,如当你面对下列情形,你的第一感觉是什么?"我得到一份工作邀请,但公司距我生活的城市很远。"从你的选择中反映出哪些价值观,这些选择会引起什么样的后果?

2. 赞赏阶段

(1) 重视和喜爱做出的选择并感到满足:只有我们所珍惜重视的价值观,才有可能成为我们价值观真正的一部分。请考虑:"我为这一选择感到高兴吗?"。

(2) 乐于向公众公布自己的选择。请回答:"我会把我的选择告诉其他人吗?"。

3. 行动阶段

(1) 按做出的选择行事。如提问:"我现在准备做些什么呢?",再次强调你的职业价值观,是通过你如何使用你的时间和你如何工作反映出来的,这绝不仅仅是空想或理想化浪漫地想象你的职业生涯将如何度过。

(2) 重复一贯的职业行动和确定的模式。如果个人的某种观念上升为他的价值观,那么,他就会在各种不同的时间和场合一而再、再而三地表现在职业行为上,并反映在他的生涯规划上。

第二部分 学生活动

活动 ▶ 职业价值观自测

职业价值观测试量表

说明:下面有52道题目,每个题目都有5个备选答案,请根据自己的实际情况或想法,在题目后面圈出相应字母,每题只能选择一个答案。通过测验,你可以大致了解自己的职业价值观念倾向。

A. 非常重要　　B. 比较重要　　C. 一般　　D. 较不重要　　E. 很不重要

(1) 你的工作必须经常解决新的问题。　　　　　　　　　　A B C D E
(2) 你的工作能为社会福利带来看得见的效果。　　　　　　A B C D E
(3) 你的工作奖金很高。　　　　　　　　　　　　　　　　A B C D E
(4) 你的工作内容经常变换。　　　　　　　　　　　　　　A B C D E
(5) 你能在你的工作范围内自由发挥。　　　　　　　　　　A B C D E
(6) 工作能使你的同学、朋友非常羡慕你。　　　　　　　　A B C D E
(7) 工作带有艺术性。　　　　　　　　　　　　　　　　　A B C D E
(8) 你的工作能使人感觉到你是团体中的一份子。　　　　　A B C D E
(9) 不论你怎么干,你总能和大多数人一样晋级和长工资。　A B C D E
(10) 你的工作使你有可能经常变换工作地点、场所或方式。 A B C D E
(11) 在工作中你能接触到各种不同的人。　　　　　　　　A B C D E
(12) 你的工作上下班时间比较随便、自由。　　　　　　　A B C D E
(13) 你的工作使你不断获得成功的感觉。　　　　　　　　A B C D E
(14) 你的工作赋予你高于别人的权力。　　　　　　　　　A B C D E

(15) 在工作中,你能试行一些自己的新想法。　　　　A B C D E
(16) 在工作中你不会因为身体或能力等因素,被人瞧不起。A B C D E
(17) 你能从工作的成果中,知道自己做得不错。　　　A B C D E
(18) 你的工作经常要外出、参加各种集会和活动。　　A B C D E
(19) 只要你干上这份工作,就不再被调到其他意想不到的
单位和工种上去。　　　　　　　　　　　　　　A B C D E
(20) 你的工作能使世界更美丽。　　　　　　　　　　A B C D E
(21) 在你的工作中,不会有人常来打扰你。　　　　　A B C D E
(22) 只要努力,你的工资会高于其他同年龄的人,升级或涨
工资的可能性比干其他工作大得多。　　　　　　A B C D E
(23) 你的工作是一项对智力的挑战。　　　　　　　　A B C D E
(24) 你的工作要求你把一些事物管理得井井有条。　　A B C D E
(25) 你的工作单位有舒适的休息室、更衣室、浴室及其他设备。A B C D E
(26) 你的工作有可能结识各行各业的知名人物。　　　A B C D E
(27) 在你的工作中,能和同事建立良好的关系。　　　A B C D E
(28) 在别人眼中,你的工作是很重要的。　　　　　　A B C D E
(29) 在工作中你经常接触到新鲜的事物。　　　　　　A B C D E
(30) 你的工作使你能常常帮助别人。　　　　　　　　A B C D E
(31) 你在工作单位中,有可能经常变换工作。　　　　A B C D E
(32) 你的作风使你被别人尊重。　　　　　　　　　　A B C D E
(33) 同事和领导人品较好,相处比较随便。　　　　　A B C D E
(34) 你的工作会使许多人认识你。　　　　　　　　　A B C D E
(35) 你的工作场所很好,比如有适度的灯光,安静、清洁的工作
环境,甚至恒温、恒湿等优越的条件。　　　　　A B C D E
(36) 在工作中,你为他人服务,使他人感到很满意,你自己也很
高兴。　　　　　　　　　　　　　　　　　　　A B C D E
(37) 你的工作需要计划和组织别人的工作。　　　　　A B C D E
(38) 你的工作需要敏锐的思考。　　　　　　　　　　A B C D E
(39) 你的工作可以使你获得较多的额外收入,比如:常发实物、
常购买打折扣的商品、常发商品的提货券、有机会购买进
口货等。　　　　　　　　　　　　　　　　　　A B C D E
(40) 在工作中你是不受别人差遣的。　　　　　　　　A B C D E
(41) 你的工作结果应该是一种艺术而不是一般的产品。A B C D E
(42) 在工作中不必担心会因为所做的事情领导不满意,而受到

项目二 自我认知

　　　　训斥或经济惩罚。　　　　　　　　　　　A　B　C　D　E
(43) 在你的工作中能和领导有融洽的关系。　　　A　B　C　D　E
(44) 你可以看见你的努力工作的成果。　　　　　A　B　C　D　E
(45) 在工作中常常要你提出许多新的想法。　　　A　B　C　D　E
(46) 由于你的工作,经常有许多人来感谢你。　　A　B　C　D　E
(47) 你的工作成果常常能得到上级、同事或社会的肯定。　A　B　C　D　E
(48) 在工作中,你可能做一个负责人,虽然可能只领导很少几
　　　个人,你信奉"宁做兵头,不做将尾"的俗语。　A　B　C　D　E
(49) 你从事的那种工作,经常在报刊、电视中被提到,因而在
　　　人们的心目中很有地位。　　　　　　　　　A　B　C　D　E
(50) 你的工作有数量可观的夜班费、加班费、保健费或营养费。A　B　C　D　E
(51) 你的工作比较轻松,精神上也不紧张。　　　A　B　C　D　E
(52) 你的工作需要和影视、戏剧、音乐、美术、文学等艺术打交道。A　B　C　D　E

评分与评价:

　　上面的52道题分别代表13项工作价值观。每圈一个A得5分、B得4分、C得3分、D得2分、E得1分。请你根据下面评价表中每一项前面的题号,计算一下每一项的得分总数,并把它填在每一项的得分栏上。然后在表格下面依次列出得分最高和最低的三项。

评 价 表

序号	得分	题号	价值观说明
1. 利他主义		2, 30, 36, 46	工作的目的和价值,在于直接为大众的幸福和利益尽一份力。
2. 美感		7, 20, 41, 52	工作的目的和价值,在于能不断地追求美的东西,得到美感的享受。
3. 智力刺激		1, 23, 38, 45	工作的目的和价值,在于不断进行智力的操作,动脑思考,学习以及探索新事物,解决新问题。
4. 成就感		13, 17, 44, 47	工作的目的和价值,在于不断创新,不断取得成就,不断得到领导与同事的赞扬,或不断实现自己想要做的事。
5. 独立性		5, 15, 21, 40	工作的目的和价值,在于能充分发挥自己的独立性和主动性,按自己的方式、步调或想法去做,不受他人的干扰。
6. 社会地位		6, 28, 32, 49	工作的目的和价值,在于所从事的工作在人们的心目中有较高的社会地位,从而使自己得到了人的重视与尊敬。
7. 管理		14, 24, 37, 48	工作的目的和价值,在于获得对他人或某事物的管理支配权,能指挥和调遣一定范围内的人或事物。
8. 经济报酬		3, 22, 39, 50	工作的目的和价值,在于获得优厚的报酬,使自己有足够的财力去获得自己想要的东西,使生活过得较为富足。

(续 表)

序号	得分	题号	价值观说明
9. 社会交际		11，18，26，34	工作的目的和价值,在于能和各种人交往,建立比较广泛的社会联系和关系,甚至能和知名人物结识。
10. 安全感		9，16，19，42	不管自己能力怎样,希望在工作中有一个安稳局面,不会因为奖金、涨工资、调动工作或领导训斥等经常提心吊胆、心烦意乱。
11. 舒适		12，25，35，51	希望能将工作作为一种消遣、休息或享受的形式,追求比较舒适、轻松、自由、优越的工作条件和环境。
12. 人际关系		8，27，33，43	希望一起工作的大多数同事和领导人品较好,相处在一起感到愉快、自然,认为这就是很有价值的事,是一种极大的满足。
13. 变异性或追求新意		4，10，29，31	希望工作的内容应该经常变换,使工作和生活显得丰富多彩,不单调枯燥。

得分最高的三项是:①_____；②_____；③_____。
得分最低的三项是:①_____；②_____；③_____。

从得分最高和最低的三项中,可以大致看出你的价值倾向,在选择职业时就可以加以考虑。

03 项目三
职业环境分析

> 在本项目,你需要了解什么是职业环境,认识和理解职业生涯规划的外部环境对职业发展的要求、影响及作用。理解职业阻隔的因素,以及如何突破职业阻隔,从在校、实习、求职、工作、职业发展的不同阶段一步步迈向职业规划目标。理解并掌握职业环境的分析方法,通过这一项目的学习,你要确定以下几个方面:
> 1. 你是否掌握了职业生涯的宏观环境和微观环境?
> 2. 你是否能够掌握职业环境分析的方法?
> 3. 你是否能够结合的自己职业生涯期望开展有效的环境分析?

任务1
职业环境分析

第一部分 任务学习引导

有一句广告词非常经典:"心有多大,舞台就有多大。"作为新时代的弄潮儿和主角的大学生们,从学校的"小舞台"到社会的"大舞台",是否已经做好了充分的准备?如何在聚光灯下尽情地展示自己的才华和舞姿呢?对于这个"大舞台"自己又了解多少?越来越多的大学生都开始进行职业生涯规划,而一份有效的职业生涯规划要求我们全面认识、了解自己,也要清楚地认识外部环境特征,以评估职业机会……。

为了更好地进行职业选择与职业生涯规划,必须对外部环境进行分析,通过外部环境分析弄清环境对职业发展的要求、影响及作用,对各种影响因素加以衡量、评估,并做出反应。大学生要想在未来的职业生涯中取得成功,必须具备相应的能力和素质,以胜任职业工作的各项要求。要做到职业胜任,关键在于人职匹配。只有将不同的人和相应的职业进行最佳的组合,才能达到最好的效果。实现人和职业的最佳匹配,需要我们对职业环境和个人的职业胜任情况进行全面的分析。通过职业环境分析,可以更加明确制订个人职业生涯规划的依据和理由;对自己职业胜任情况进行正确的分析,可以使自己的职业定位更加合理和现实,从而更加坚定实现自己职业目标的信心。

职业环境分析可以帮助我们对一种职业形成比较全面和深入的认识。对一种职业是否有深刻的认识关系到我们能否建立明确的职业目标并长期坚定职业方向。

一、职业环境分析的含义

每个人都生活在一定的环境中,其成长与发展都与环境息息相关。俗话说,适者生存,所以,在制定个人的职业生涯规划时,要分析职业环境的特点、职业环境的发展变化、自己与职业环境的关系、自己在特定职业环境中的地位、职业环境对自己提出的要求或挑战以及职业环境对自己的有利条件与不利条件等。只有对这些职业环境因素充分了解,才能做出与职业环境相适应的职业生涯规划,才能做到在复杂的职业环境中避害趋利,使自己的职业生涯规划得以发展与实现。

所谓职业环境分析,就是要认清所选职业在社会大环境中的发展状况、技术含量、社会地位,以及社会发展趋势对此职业的影响,包括职业的发展趋势、职业内涵中五个因素(社会分工、专门知识技能、创造财富方式、报酬水平、满足需求的程度)发展变化的趋势等。

(一) 为什么要做职业环境分析

国家经济的发展和科技的进步,会导致社会职业结构的变化,新的职业会出现,还有一些职业会衰退,或是有些职业虽然存在,但其相关属性或内涵已经发生了变化。

是否能预测一种职业的发展趋势,是否能预测职业内涵的演化,及对一种职业是否有深刻的认识关系到我们能否在把握社会环境变化的基础上,为自己人生的发展找到或创造适宜的职业平台,从而有效地规划职业生涯。

如果你希望抓住机遇,建立明确的职业目标,有效降低机会成本和降低选择的风险,那么深入的职业环境分析是必不可少的重要一环。

社会发展趋势对于目前所从事的职业有何影响和需求?你选择的这个职业是不是社会越来越需求的职业?在此行业里,企业是否具有效力的发展机会?你如何让自己在选择的职业中保持核心竞争力？可能的风险有哪些？我们可以通过有效的职业环境分析得到启示或答案。

(二) 职业环境分析的要求和内容

进行职业环境分析的要求是，通过职业环境分析弄清职业环境对职业发展的要求、影响及作用，对各种影响因此加以衡量、评估并做出反应。关注当前热点职业有哪些？发展前景怎样？社会发展趋势对所选职业有什么影响？要求如何？总的来说，职业环境分析包括四个方面的内容：社会环境分析、行业环境分析、组织环境(校园环境，家庭环境，企业环境)分析及岗位环境分析。

职业环境可以从地区、内容、时间等不同的维度来进行分析。从地区上来讲，可以从职业的国际环境、国内环境和本地区环境等方面进行分析；从内容上来讲，可以从社会环境、行业环境、企业环境、校园环境、家庭环境、岗位环境等方面进行分析；从时间上来讲，可以从过去的历史、目前的现状和未来的发展趋势等方面进行分析。

二、社会环境分析

(一) 社会环境的定义

所谓社会环境分析，就是我们所处的社会政治环境、经济环境、法制环境、科技环境、文化环境等宏观因素的分析。社会环境对我们职业生涯乃至人生发展都有重大影响。通过对社会大环境包括国际、国内与所在地区3个层次的分析，来了解和认清国际、国内和自己所在地区的政治、经济、科技、文化、法制建设、政策要求及发展方向，以更好地寻求各种发展机会。

(二) 社会环境的内容

所谓社会环境，就是对我们所处的社会政治环境、经济环境、法制环境、科技环境、文化环境等宏观因素。社会环境对我们职业生涯乃至人生发展都有重大影响。狭义仅指人类生活的直接环境，如家庭、劳动组织、学习条件和其他集体性社团等。社会环境对人的形成和发展进化起着重要作用，同时人类活动给予社会环境以深刻的影响，而人类本身在适应改造社会环境的过程中也在不断变化。

(三) 社会环境分析意义

我们每一个人都生活在社会之中，我们的各个方面和各种行为都必然会受到社会因素的制约与影响。社会因素不是个人所能左右和控制的，职业选择与职业生涯发展也会受到社会因素的影响。

在社会经济发展日益市场化的背景下，职业选择及职业生涯发展必然要受到社会大环境的极大影响和制约。所谓社会环境分析，就是对我们所处的社会大环境中政治环境、经济环境、法制环境、科技环境、文化环境等宏观因素的分析。社会环境中流行的工作价值观、政治经济形势、社会产业结构的调整与变动、人事管理体制的变化、社会劳动力市场人才的需求与变化等因素，无疑都在个人职业选择上留下深深的烙印。所以，作为青年学生，应该通过对社会大环境包括国际、国内与所在地区3个层次的分析，来了解和认清国际、国内和自己所在地区的政治、经济、科技、文化、法制建设、政策要求及发展方向等，以更好地寻求各种发展机会。

总体来说，我们现在面临一个非常好的宏观环境，社会安定，政治稳定，经济发展迅速，并与全球一体化接轨，法制建设不断完善，文化繁荣自由，尖端技术、高新技术突飞猛进。因此，在这个大前提之下，我们需要特别注意的是职业环境的变化。

目前中国改革开放取得了巨大成果，成为世界经济发展最快的地区之一，中国特色的市场经济已日趋成熟，国有企业改革、改制步伐加快，中小企业、民营企业蓬勃发展，国外公司和资金大量涌入。

在目前的时代，人才是企业的根本。入世后，中国的中小企业和创业者将直面国家企业的人才竞争。因此，人力资源管理在企业中的地位将会日趋重要，需要完整的、与企业战略管理匹配的人力资源规划及良好的人员激励制度等。

面对新的竞争环境与挑战，有效管理人力资源将成为企业组织猎取竞争优势的重要环节。对企业组织中最重要的资产——人员，进行战略性的管理，应成为21世纪企业组织最高领导人的重要使命，这也将是企业组织获得最大秘诀，同时也是杰出组织与一般性组织的根本区别所在。因此，人力资源管理是一个非常有发展前景的朝阳职业。

三、行业环境分析

（一）什么是行业环境分析

所谓行业，是指从事国民经济中同类性质的生产或其他社会经济活动的经营单位和个体等构成的组织结构体系，如林业、汽车业、银行业、房地产业等。行业与职业不同，行业是企业的集合。从事同类产品的生产销售企业或提供类似服务的企业达到一定的数量才形成一个行业。例如，家电行业，就包括生产电视机、空调、冰箱、洗衣机等不同类型具体产品的若干家企业。在同一行业内，可以从事不同的职业。例如同在保险业，可以作保险业务员，也可以是人力资源部经理。

所谓行业环境分析，就是要分析行业本身所处的发展阶段及其在社会经济发展中的地位，分析影响行业发展的各种因素，预测行业未来的发展趋势，判断行业对人才选拔的准入条件，从而为我们的职业生涯规划提供依据。

(二) 行业环境分析的内容

行业环境分析是对目前从事或拟从事的目标行业的环境进行分析。社会是由不同行业组成的,进入社会就必须对行业有一个比较全面的了解。了解行业首先要明白这个行业是干什么的。当我们进入大学学习某个专业的时候,应弄清这个专业与社会中哪个行业接轨,毕业后自己将服务于哪个行业,这个行业是做什么的。我们一定要对行业现状有一个比较直观的了解,比如说这个行业是靠什么建立和发展起来的?若是企业,它又是如何赚钱的?

(三) 行业环境分析的意义

对一个行业环境的分析和了解是大学生进行职业生涯规划的依据,也是将来职业生涯能够发展和成功的需要。俗话说,"男怕入错行,女怕嫁错郎"。在现代职场中,其实男女都害怕入错行,耽误自己的发展。职业生涯规划理论认为,适合自己的才是最好的。要进入适合自己的行业,就必须对自己拟进入的行业进行深入全面的了解,行业环境分析对每个人都必不可少。每个人都希望自己将来能在社会上谋得一个好职位,但行业的从业人才数量及企业对人才的需求程度决定了个人的价值。如果你是在一个处于下降趋势的行业里,那就难以长久地获得好的职位。因此,要用心研究自己的职业方向与目前正在呈上升趋势的行业是否吻合,寻找快速成长或高回报的行业。一般来说,热门行业或正处于上升趋势的行业,谋得好职位的机会比较多,个人发展空间也自然比较大。

好行业是什么样?

从工作的角度理解可以解释为,一个好的行业就是给予你:

(1) 喜欢的工作内容;

(2) 平衡的生活方式;

(3) 接触所喜欢和仰慕的人群(包括内部的同事、行业的同仁和外部的客户);

(4) 自己所期望的社会地位和荣誉;

(5) 理想的收入;

(6) 能够实现最核心的理想和使命;

每个人潜意识里都是对这6个方面有要求和期望的,只不过有的时候你只会表露出某一些,或者出于现实的状况,6个方面并不能同时满足的时候,每个人会有所取舍。让自己一个一个把这6项排个顺序,你才有可能选择一个让你感到幸福的行业。

(四) 进行行业环境分析要注意的问题

在分析行业环境时,一定要结合社会大环境的发展趋势。由于科学技术的飞速发展,会使某些行业如同夕阳坠落,逐渐萎缩、消亡;更有许多极具发展前途的朝阳行业不断出现、发展起来。同时还要注意国家政策的影响,要了解国家对某一行业是支持、鼓励和引导,还是限制、控制和制约。要尽量选择那些有前景、发展空间较大的行业。例如,我国近年来狠抓环境保护,推行可持续发展战略,保护生物多样性,在农业生产中控制化学制品的使用,开发"绿色食品"等等,使环境保护产业如初升朝阳,充满生机,导致环保设备生产、环保技术咨询等行业迅速发展,提供了大量就业岗位。而这时如果不了解情况,为了一时利益,盲目进入那些污染后果严重的行业谋职,必将给自己的职业生涯造成严重的不良后果。

案例1:某学生,职业生涯规划,计算机专业,中专

近年来,计算机专业专业已经不是当今社会的主流。按目前软件产业的发展速度来看,在未来的三到五年内,共需要软件开发人员两到三万人,其中急需三类人才:第一类是既懂技术又懂管理的软件高级人才;第二类是系统分析及设计人员,即软件工程师;第三类是熟练的程序员,即软件蓝领。而现在中专生的我们学到的知识,我们是属于哪一类的人才呢?社会在进步,人才济济,我们又该何去何从呢?现实生活中,本科生输给中职生的例子不是没有,一位招聘经理曾说过:"很多时候,学历在实践中已不是重点。如何用最小的劲做最大的事才是用人单位关心的。"可见,中职生不断"武装"自己,增加实践经验才是正道,是金子总会发光的。所以现在的我们中专生,不应该气馁,从现在开始我们为自己的人生道路规划、设计一下,从而走向成功!

点评:从所学专业到对应的产业、行业及其对人才的需求,在市场需求面前分析自己与竞争对手的优劣利弊,最后得出自己的努力方向,切合实际,现实可行。

案例2:某女士,三年规划,中餐连锁经营者——场所环境设计者,深圳

深圳为新型移民城市,城市人口年龄较为年轻,拥有为数相当多的单身人口,并且大多数人由于工作紧张,时间宝贵,很少自己在家做饭。这样,餐饮市场,尤其是快餐市场发展空间极大。另外,由于中式餐馆普遍环境较差,从而使得环境幽雅,价位为中、低档的中式餐厅有极大发展潜力。

点评:此份行业分析简明扼要,切合本地实际情况。

四、组织环境分析

现代社会是组织起来的社会,每一个人都在一定的组织内活动。组织的目标、性质、规模以及组织的发展变化趋势,对个人职业生涯目标和规划及其实施有着直接的重要影响。

在社会科学中,社会组织有广义、狭义之分。广义的社会组织是指人们从事共同活动的所有群众形式,包括氏族、家庭、社会团体、政府、军队和学校等。狭义的

社会组织是为了实现特定的目标而有意识地组合起来的社会群体，如企业、政府、学校、医院、社会团体等。

我们在进行职业环境分析的时候，涉及到的组织主要是用人单位、自己所在的学校以及自己的家庭。在我国，用人单位可以从单位性质、所有制形式、隶属关系、规模大小、营利性组织与非营利性组织等多种角度进行分类。从单位性质而言，我国用人单位可分为企业单位、事业单位、机关单位、民办非企业单位等。

在进行组织环境分析的时候，与职业关系较为密切的是企业环境分析、校园环境分析和家庭环境分析等三个方面的内容。

（一）企业环境分析

1. 企业环境分析的主要途径

企业环境分析尤为重要。个人在选择企业时有必要通过个人可能获得的一切渠道，比如，可以通过公司所在地的新闻出版机构的新闻线索，来了解该企业产品及服务的详细情况和公开的财政经济状况；通过有关书籍和企业发展史、当地各种商业活动、企业人物获奖的细节也能了解到可供参考的资料信息；另外公司的网站上介绍公司价值观念的那些主页也会透露一些企业文化的有关线索；还可以通过参观或参加面试时的谈话资料和知识背景来充分了解和考虑各种因素。

2. 企业环境分析的主要内容

企业环境分析包括：用人单位的声誉和形象是否良好？企业实力怎样？在本行业中的地位、现状和发展前景怎样？所面对的市场状况如何？产品和服务在市场上的发展前景怎样？能够提供哪些工作岗位，是否与自己适合对路？有无良好的培训机会？企业领导人怎样？企业管理制度怎样，是否先进开明？企业文化是否与自己吻合？福利待遇是否完善等若干方面。

具体来讲，对企业环境的分析可以从以下4个方面来进行：

（1）企业实力

企业在社会中的地位和声望如何？企业目前的产品、服务和活动范畴是什么？企业的发展领域在哪些方面？发展前景如何？战略目标是什么？技术力量和设施是否先进？在本行业中是否具备很强的竞争力？是发展扩张，还是倒退紧缩，是一个很快就会被"做强"，还是空有其壳？有没有长久的生命力？企业的组织结构是怎样的？是扁平的还是等级制的？等等。

（2）企业领导人

企业主要领导人的抱负及能力是企业发展的决定因素。而且个人在职场的运气很大一部分来自于你的老板。很多成功的大企业都有一位出色的企业家作为掌舵领航人。当然炒老板鱿鱼也是职场的一道家常菜。因此，要了解企业主要领导人是真心要干一番事业，还是想捞取名利？管理是否先进开明？他有足够的能力带领员工开创新天地吗？他有没有战略眼光和措施？他尊重员工吗？

（3）企业招聘要求及福利待遇

在进行企业环境分析的过程中，要注意了解企业对拟招聘人才规格的要求，包括专业知识、能力、性格等。例如，你最擅长的技能是否能够在这个企业得到施展？同时还要了解企业的薪酬标准、工资福利待遇等情况。比如，假如你进入该单位，起点工资预计是多少？是否有医疗保险、住房补贴、养老保险等？这些情况都应调查清楚。

值得一提的是，选择一个企业的目的，不仅仅是要让自己有一份工作，拿到一份工资，更重要的是寻求实现个人价值和社会价值的机会。因此，在了解企业的过程中，还要关注企业提供给员工的培训和发展机会。

（4）企业文化和企业制度

除了很好的福利、吸引人的薪酬、舒适的工作环境和出色的管理之外，优秀的企业还会创造积极的企业文化，让员工感到快乐和受尊重，而使员工工作更有创造性。员工与企业相互配合是否良好的关键在于企业文化。因此，在求职时选择什么样的企业文化氛围让你最舒服，才是至关重要的。

企业制度涉及的范围比较广，包括管理制度、用人制度、培训制度等，尽可能了解这些信息，了解企业在组织结构上的特征与发展变化趋势，分析这种安排对自己的未来可能带来什么样的影响。特别要注意企业用人制度如何，能否提供教育培训机会，提供的条件是什么？自己将来有没有可能在该企业担任更高级的职务或担负的责任？个人待遇提升的空间有多大？是基于能力还是工作年限？企业的标准工作时间怎样？是固定的还是变通的？当然也还要考虑企业提供的薪酬和福利待遇与行业内其他公司比较如何？

总之，通过以上分析，应理出一条清晰的线索，确定自己的职业生涯在这个企业中有没有足够的发展空间，衡量自己的目标能够在该企业得以实现的可能性。通过对企业环境的分析还应明确，自己是否认同企业发展战略、企业文化和管理制度，组织结构发展的变化趋势如何，与自己有关的未来职务的发展预计是怎样的，等等。

（二）校园环境分析

所谓校园环境分析，是对大学生个体成长过程中所受学校教育的分析，是对个体成长环境中所受教育环境的分析。所谓教育，是按照一定的要求，对受教育者的德、智、体、美诸方面施以积极影响的一种计划的活动。事实上，社会上的一切教育活动都会给受教育者产生某种积极或消极的影响。教育是影响个人职业生涯的重要因素。

从目前的学校教育来看，由于高考指挥棒的作用，不管是幼儿、小学，还是初中、高中,都在一定程度上变成了一种应试教育。学生也以应该的学习方式来接受教育,造成了学生知识结构不合理,学习的主动性不够,养成了一种依附性的学习习惯,这种情况直接影响到学生后期的发展。

进入大学阶段以后,大学教育的特点是按照专业门类来培养学生适应职业需要的基本素质和能力。通过这一过程,使学生从某一专业的逻辑起点达到能够解决该专业一定问题的理论和技术修养水平,从而形成适应某类或某种职业需要的专业特长。也就是说,大学生所受的专业教育直接制约着其职业适应的范围。如果大学生所学的专业面较窄,其职业适应的范围就小;反之,职业适应的范围就宽广。所以,大学生在制定职业生涯规划时,首先,要了解本专业开什么课程,培养的是哪些方面的技能;其次要对照适应未来职业发展有关的课程设置,寻找差距,进行补课。

毋庸置疑,由于大学毕业生就业结构性矛盾的存在,社会对不同学科专业和不同学校的学生需求程度也不一样。就学科专业来讲,随着高新技术产业的迅猛发展和国家对基础设施投资规模的加大,计算机、通讯、电子、土建、机械、自动化、医药、师范等学科的大学毕业生需求旺盛,而哲学、社会学、经济学、法学、农学、林学等学科的社会需求时有波动。另外,在院校之间,重点大学、名牌院校、名牌专业的"名牌"效应呈现出优势,社会需求增长,其就业率也较高;而一般院校、一般专业的需求相对较弱。这种情况也会直接影响大学生的职业选择与规划。

大学分为大专生、本科生、硕士生、博士生等层次。不同的层次反映了不同的受教育程度和水平。而一个人所受到的教育程度和水平,直接影响到他的职业选择方向和获取他喜欢的职业的概率。总体而言,所受教育程度越高,职业选择难度越低。就社会需求而言,在学历之间,社会对高层次的复合型、外向型和开拓型的人才需求日益迫切,出现了对人才结构、学历层次要求"重心"的上移。在毕业生就业中,出现了研究生就业好于本科生,本科生好于专科生的局面。大学生在进行职业生涯规划时,应当认识到自己成长的环境与受教育的条件对个性形成的影响。各种教育内容的相互交叉和渗透,可以促进个人整体素质的提高。因此,大学生应当通过主观努力,改变自身的不利因素,终身学习和接受教育,全面提高素质,为求职择业和职业发展创造更加有利的条件。

(三) 家庭环境分析

职业选择与家庭背景有着非常密切的关系,比如我们常常看到艺术世家、教育世家、商业世家等等社会现象。家庭是人们生活的重要场所,人们的价值观、行为模式都会受到家庭生活和家庭成员潜移默化的影响。每个人的成长环境决定他们的价值观和行为模式,而这些对他们的职选择倾向、就业机会都大有影响。所以,我们在进行职业生涯规划时,要对家庭环境进行客观的分析。

具体来讲,我们应该从家庭环境的角度判断自身在社会中的位置。一个人的家庭组成、家庭经济条件、社会关系、成员的关系及健康状况等因素,都和自己的职业生涯发展有着密切的关系。对有关家庭环境及其趋势的分析也是职业生涯规划的重要基础。例如,经济条件差的大学生,不太适合毕业后将考古、留学等继续升学、深造作为自己的规划方向,而应该将就业作为首要的考虑。

此外,在进行职业生涯规划时,不应该只把目光停留在现有家庭状况之上,还应该充分考虑变化因素,家庭状况毕竟不是一成不变的。例如,现在家里需要负担的人多,而挣钱的人少,经济条件比较困难,但也许过上几年之后挣钱的人就多了,需要负担的人少了,经济状况就会大大改观。

五、岗位环境分析

岗位也称职位。在组织中,在一定的时间内,当由一名员工承担若干项任务,并具有一定的职责、责任和权限时,就构成一个岗位。

所谓岗位环境分析,就是对组织中某个特定工作职务的目的、任务或者职责、权利、工作条件、任职资格等相关信息进行收集与分析,以便该职务的工作做出明确的规定,并获得工作描述和工作规范的过程。

工作描述是关于任职者所从事工作的基本信息和工作的具体性,如岗位名称、工作目的和工作责任、工作的绩效标准、工作中所使用的设备和工具、工作联系、工作权限等,主要包括以下内容:

(1)做什么?是指员工所从事的工作内容;

(2)为何做?是指员工的工作目的及该项工作在整个组织中的作用;

(3)由谁做?是指由谁来从事此项工作,及从事该项工作的人员所必须具备的素质的要求;

(4)何时做?是指对员工从事此项工作的时间安排;

(5)何处做?是指员工工作的地点、环境等;

(6)为谁做?是指员工从事的工作与组织中其他部门之间的相互关系;

(7)如何做?是指员工如何从事或者要求员工如何从事此项工作。

工作规范则是指特定岗位对任职者的胜任特征的基本要求,包括任职者应具备的知识、能力、教育背景、工作经验、个性特征等。工作规范可以让员工更详细地了解其工作的内容和要求,以便顺利进行工作。通过工作规范,可以看到什么样的人可以从事此项工作,以及有意愿从事此项工作的人在进行职业准备的时候,应该着手从哪些方面进行训练和提高。

大学生在进行职业生涯规划的时候,要认真进行岗位分析,深入了解拟从事岗位的工作描述和工作规范,并与自己的现状进行比较,找出与自己与工作要求之间的差距,从而明确努力的方向,并制定策略和缩短差距的措施,积极努力,迅速提高。

任务 2
职业环境分析方法与职业期望

第一部分　任务学习引导

一、职业环境分析方法

在进行职业环境分析的过程中,一个最基本的工作就是想方设法占有大量的有关职业环境的信息。你所掌握的有用信息越多,质量越高,内容越详尽,就越能帮助你进行全面深入的职业环境分析,就越有助于你做出最适合自己的职业选择和职业规划。虽然搜集职业信息是一个需要花费时间和精力的过程,但是它在整个职业选择的过程中起着至关重要的作用。我们可以通过以下途径和方法来获取相关的信息,进而进行职业环境分析。

案例 3:懂得资源共享

有一天,从早晨开始就大雨滂沱。路边几个叫卖食品的小贩,一直没有什么生意。快到中午时,卖烤饼的小贩,已经烤好一沓饼,他大概是饿了,心想:反正也卖不出去,就吃起一块自己烤的饼来。

卖西瓜的坐着无聊,也就敲开一个西瓜来吃,卖辣香肠的开始吃辣香肠,卖杨梅的也只好吃杨梅了。雨一直下着,4个小贩一直这样吃着。卖杨梅的吃得太酸,卖辣香肠的吃得太辣,卖烤饼的吃得太渴,卖西瓜的吃得太胀。这时,从雨中嘻嘻哈哈地冲过来4个年轻人,他们从4个小贩那儿,把这些东西都买齐了,然后坐到附近的亭子里吃,有香辣,有酸甜,吃得津津有味。

启示: 人如果在物质上仅止于自给自足,也就是将自己置身于落后、狭隘的经济观念之中,只会永远陷入贫乏的境地。与人相互交换一种食物,你就得到两种食物,与人相互交换一种思想,你就拥有两种思想。只有把个人的血液融于组织中,取长补短,个人才能得到充分发展。

(一) 行业环境分析方法

行业环境分析包括行业的确定、行业历史和发展趋势分析、行业结构分析、行业内企业行为及行业关键成功因素等五个方面的分析内容:①行业的确定。确定企业经营业务、行业归属是行业环境分析的首要内容,也是战略选择的前提;②行业历史和发展趋势分析。确定了企业所处行业后,要通过对这些或这个行业的历史、现状相关资料的分析,了解行业演变过程中存在的机遇、威胁,对行业未来发展趋势进行判断和预测;③行业结构分析。在行业结构分析中最重要的是要对企业所处行业的供给结构。(厂商集中度、企业间竞争程度、市场占有率、进入壁垒大小等)、需求结构(产品差异化和多元化程度、产品需求增长率等)、产业链结构(行业内纵向一体化程度)等结构性要素及行业结构的变化历史和发展趋势进行分析;④行业内企业行为分析。对行业结构分析后,还要对行业内企业历史上和当前的策略、行动以及应对行业结构变化的反应等行为模式进行深入分析。尤其是处于同一战略群体中的企业和主要竞争对手的行为是分析的重点,它们的战略博弈过程体现了行业特点及行为模式;⑤行业的关键成功因素分析。在行业历史和趋势、行业结构等分析的基础上,要总结出企业所处行业内企业实现成功竞争所必须具备的条件,即对行业内的关键成功因素进行分析。

1. SCP 分析

SCP 分析是一种产业组织分析方法,也是进行企业外部环境分析的基本方法,主要用于对企业所处的产业、行业环境中影响战略的因素进行静态和动态分析。S、C、P 分别代表结构(Structure)、行为(Conduct)和绩效(Performance)。结构是指行业结构,以行业中的竞争者数量、产品的异质性,以及进入和退出行业的成本为衡量标准。行为指行业中具体的企业活动,包括价格接受、产品差异化、串谋和利用市场势力等。绩效指企业的绩效水平。

SCP 模型分析在行业或者企业受到外部经济环境、政治、技术等外部冲击,可能的战略调整及行为变化。SCP 模型从对特定行业结构、企业行为和经营绩效三个角度来分析外部冲击的影响。行业结构(S)主要是指外部各种环境的变化对企业所在行业可能的影响,包括行业竞争的变化、产品需求的变化、细分市场的变化、营销模型的变化等。企业行为(C)主要是指企业针对外部的冲击和行业结构的变化,有可能采取的应对措施,包括企业方面对相关业务单元的整合、业务的扩张与收缩、营运方式的转变、管理的变革等一系列变动。经营绩效(P)主要是指在外部环境方面发生变化的情况下,企业在经营利润、产品成本、市场份额等方面的变化趋势。从 SCP 模型可知,一方面企业所在行业的结构特性限定了企业所面临的选择和约束的范围,并最终对企业的绩效产生影响;另一方面,行业中企业的行为和绩效水平又对行业结构产生重要影响,并使行业结构不断发生动态变化。此外,外部的冲击也会对行业结构产生重大影响。在对企业进行 SCP 分析时,通过对行业结构中供给、需求和行业链的分析,对行业结构的变化做出评估;通过对行业中各战略群组企业的营销、容量变化、垂直整合情况和内部效率分析,对它们的行为做出评估;通过对各战略群组企业的财务技术、人员等方面的分析,对绩效水平做出评估。经过上述评估过程,将会对企业所处行业和企业的现状有一个基本判断,但还需要考虑行业结构、各战略群组企业行为、绩效水平以及与外部冲击间的相互影响和作用,再对行业结构的未来变化、战略群组企业未来的行为变化和绩效水平的变化做出动态评估。

2. 丹尼尔(Daniel)于1961年首次提出关键成功因素法可作为确定决策者信息需求的方法,他认为任何组织都有一些特定的因素对其获得成功非常重要,如果同这些因素相关的目标没有实现的话,组织将失败。行业关键成功要素指的是对企业成功起关键作用的因素,是在竞争中取胜的关键环节,可以通过判别矩阵的方法定性识别行业关键成功要素,然后设计出行业关键成功要素分析表。首先要根据企业的战略目标识别所有的成功因素,主要是分析影响战略目标的各种因素和影响这些因素的子因素;然后确定关键成功因素。不同行业的关键成功因素各不相同。即使是处于同一行业的不同企业,由于各自所处的外部环境的差异和内部条件的不同,其关键成功因素也不尽相同;最后明确各关键成功因素的性能指标和评估标准。其具体操作过程是采用集中讨论的形式对矩阵中每一个要素进行打分,一般采用两两比较的方式,如果A要素比B要素重要则打2分,同样重要打1分,不重要打0分。在对矩阵中所有格子打分后,横向加总,以此进行科学的权重分配。一般权重最高的要素就成为行业关键成功因素。

(二)网络资源

在计算机网络技术高度发发达的今天,掌握了计算机技术的现代大学生可以通过网络资源全面了解职业环境情况。

显而易见,现在许多人是通过浏览网页来了解天下大事的,有关的社会、政治、经济、法制、科技、军事、文化等新闻、报道,在网络世界俯首可拾,比比皆是。人们从网络中了解社会环境方面的情况极为方便快捷。

随着信息技术的发展,各个行业都建立起了计算机中心互联网信息交流平台。各行业或企业网站成了了解行业的重要渠道。特别是像阿里巴巴这样的B2B网站,里面覆盖了几乎所有的行业,每个行业都有自己的论坛,你到相关行业的论坛上,自然什么信息都能了解到。网络搜索也是一个办法,搜出某个行业的企业,从它们网站里了解行业。不过,通过这种方式了解到的信息往往支离破碎,有的还有失偏额。

通过网络了解企业等用人单位也很便捷。用人单位作为一种社会组织,必然要同社会其他组织和个人进行信息交流。在这些信息中,有许多是公开的,如行政机关的对外宣传资料、学校的招生招聘广告、企业的产品推介与服务信息等,无不包含着丰富的用人单位信息。这些信息的搜集途径广,不受时间、空间的限制,尤其是在那些信息化程度比较高的社区里,你随时可以通过网络轻松获得。

(三) 参观、实习、社会实践、职业体验及角色扮演

1. 参观

要想深入地了解职业环境,就必须深入一线企业,占有第一手资料。如果有条件的话,大学生可以到企业所在地进行参观,进行现场考察。若条件不允许,展览会也是提供一线企业信息的好场所。亲自去参加一个行业展览会,很多事情就都了解了。

2. 实习

许多规模比较大的用人单位,如跨国公司、机关、高校等常常有招聘实习生的机会。能去用人单位实习是一件对双方都有利的事情。从大学生的角度来看,实习不仅是从课堂理论学习走向实际应用的必要环节,也是对职业环境进行实际了解的重要途径。通过实习,大学生不仅可以深入了解用人单位的管理体制、发展潜力等情况,还可以学习用人单位的管理经验、技术方法,为毕业设计等提供素材,为就业创造条件。如果用人单位需要招聘人员,而你在实习期间的表现又不错,那你就可能成为拟招聘的最佳人选。可以说,有过实习,大学生可以更为全面和深刻地了解职业环境、企业环境以及岗位环境的情况。

大学生选择实习单位,要结合自己的职业生涯规划目标,锁定与自己专业对口的单位范围,同时应从是否有利于实现自己的职业生涯规划目标和发挥自己的专业特长入手,而不能一味追求名气、规模和级别。同时,还应重视实习单位的"软环境",特别是有意向去企业实习的大学生,要把企业是否建立了完善的现代化管理机制作为选择标准之一。

3. 社会实践

要想真正了解一个职业,最好的办法就是亲自去体会。而对于在校大学生而言,参加社会实践和各种形式的实习和兼职则是最好的选择。当然,所做的应该是经过选择之后与自己想从事的职业相符或相关的。这种不同于正式就业的体会方式,不仅可以帮助你更清楚地认识到职业是否真的适合自己,也为自己以后真正从事该职业积累了经验和感悟。

小资料:社会实践要学什么

对于大学生来说,实践的目标还是学习,那都要学习什么呢?要学六个方面:做人,做事,能力,知识,规则,思维方式。

做人是根本,也是一辈子的事,要向上司、有为的同事等学习,看看人家是怎样为人的。

做事就是办事能力,要学习如何分析问题、解决问题,以及怎样解决工作问题,

还有生活中的小事。

能力,泛指一切让自己有提升的能力,如使用办公服务器的能力、汇报工作的表达能力等,因为你很可能在实践中赚不了多少钱,所以多锻炼点能力就足够了。

知识,社会中的知识、工作上的知识、交际上的知识等,要把握一切可拓展知识面的机会。

规则,只要有人的地方就有规则,明显的条文、潜藏的规则等,尤其是那些工作上的规则,了解规则才能有效遵守和使用。

思维方式是很难学的,这只能在潜移默化中、在你处处留心总结中学到,尤其是积极的心态、端正的态度等。

(四) 职业体验

职业体验,是指大学生结合专业特点和自己的职业兴趣,以职业认知、体验为目标,通过对自己希望从事的职位、岗位的了解、观察、体会,深入客观地认识该职位、岗位。职业体验的内容主要有两大方面:一方面是对该职位、岗位工作具体内容的了解;另一方面是对该职位、岗位对人才专业知识、技能和职业素质要求的认识。

通过职业体验,可以增加大学生对职业的深入了解,并根据职业体验的结果判断自己是否适合从事该职业。

(五) 角色扮演

如果能找到好的合作伙伴,可以就各自喜欢的职业角色编练话剧和小品。这种带有游戏性质的方法其实也是一个很有效的职业体验和了解过程。因为在扮演的过程中,你只有深切体会到人物的内心活动,感受到职业要求对其的向导性作用,才能比较传神地表现出该角色。

请找三四个学生,自编自演一个话剧。要求:

(1) 每个人都必须有明确的职业角色,不得重复,一定要邀请观众观看。

(2) 语言、行为必须职业化,要表现出其职业的特点。

(3) 情节要有波澜,要有矛盾和冲突。

(4) 排练表演完毕后,要写出各自的心得。

(5) 向观众征询意见。并且评选出最佳的表演者。

《福布斯》世界富豪、日籍韩裔富豪孙正义19岁的时候曾做过一个50年生涯规划:

20多岁时,要向所投身的行业,宣布自己的存在;

30多岁时,要有1亿美元的种子资金,足够做一件大事情;

40多岁时,要选一个非常重要的行业,然后把重点都放在这个行业上,并在这

个行业中取得第一,公司拥有10亿美元以上的资产用于投资,整个集团拥有1 000家以上的公司;

50岁时,完成自己的事业,公司营业额超过100亿美元;

60岁时,把事业传给下一代,自己回归家庭,怡养天年。

现在看来,孙正义正在逐步实现着他的计划,从一个弹子房小老板的儿子,到今天闻名世界的大富豪,孙正义只用了短短的十几年。

二、职业期望与职业声望

(一)职业期望

期望是一种心理倾向,职业期望则是从业者对所从事的工作抱有的心理倾向。例如:有人希望找到一份工作压力小、待遇条件好、工资高、成就机遇大、名声好、环境优雅舒适的工作。这是一种职业期望,但很显然这种职业期望不可能实现,因为它是不合理的。因为任何一种职业的选择都要受到社会需求、自身素质以及其他的社会因素的制约。

由此可见,人们在职业选择的时候,应该实事求是地对自己的职业期望进行客观的分析评估,分清哪些是合理的,哪些是不合理的。放弃那些不合理的,根本实现不了的职业期望,可以避免遭受不应有的心理创伤;对那些合理的职业期望进行规划调整,锲而不舍地追求之,达到职业期望的实现。

什么是合理的职业期望呢?举个例子来说:某企业同时吸收了两位职员,一位是名牌大学毕业生,一位是大专毕业生,两个人在做同样的工作。两个月之后,名牌大学的毕业生辞职了,大专毕业生提前一个月转正了。领导对他俩的评价是:工作心态不一样,工作表现不一样,工作成绩不一样。究其根源是职业期望不一样。

名牌学校的毕业生对这份工作的期望是:这个企业一定会重用我,薪资待遇应该比其他人高,领导会特别关注我,因为像我这样的名牌大学毕业生在这里是凤毛麟角,谁都不如我强。然而,他发现事情并非如他所想,自己竟然和一个一同来的大专生干一样的工作,而且领导自己的部门经理也是一个比自己大不了两岁的普通学院的毕业生。工资也不高,工作可不少,干不完自己要加班,又没加班费。有些不懂的地方不愿问别人,因为自己打心眼里就看不起那些人,不能让同事们小看了自己。两个月以后,他发现领导竟然让那个大专生提前转正了,却没有自己的份。他觉得领导是有眼无珠,肯定是同事中有人妒忌自己,在排挤自己。干脆辞职另谋高就,还怕社会上没有自己的位置吗?

而那位大专毕业生对这份工作的期望是:好好向师哥师姐们学习,要对工作精益求精,早点独立工作,最终要成为这个行业的高手。他也想有份好的收入,但是首先要让同事和领导看到了自己的工作成绩之后才能提。就算领导不能满足自己的条件，在这样的专业环境中能够迅速学到本事，不断提升自己的能力也就很值了。所以，他工作踏实，不懂就问，工作能力迅速提高，很快就独当一面，成为工作主力，获得领导和同事极好的口碑。

这个实例告诉我们，合理的职业期望不仅仅有我们的主观愿望，还应考虑个人素质、专业能力、企业需求、环境条件、企业文化、机遇等条件。像这个例子中，企业唯工作能力、唯工作态度和与企业文化的融合性选用员工，与那位名牌学校的毕业生以个人荣誉为条件提出的职业期望有相悖之处，所以，他的期望是不合理的，达不到的。

合理的职业期望是需要我们不断调整的，如果发现自己的期望值过高，可以将它由整化零，分为阶段目标逐级实现。比如涨工资，我们的期望高出企业能给予的，我们可以将它分解为几个阶段实现。随着自身工作能力的提高，承担工作任务的繁重程度来提升薪资水平，使个人意愿和企业需求能够吻合同步。

毫无疑问，每个人都有自己的职业梦想。这个梦想将引导你所做的每一个决定。人们在展望未来职业生涯的时候，不能仅为赶时髦仓促决定，而是首先要做到内省，明确做什么能给你带来最大的满足和快乐。人人都想拥有一份好工作，但究竟什么是好工作，每个人的理解和定义是不同的。毕竟每个人的兴趣、爱好、经历、能力、家庭背景、受教育程度、所处的环境、经济地位、宗教信仰等等是有差异的，这些都显著地影响求职者对职业的追求和期望。职业期望决定了人们对求职的表达、动机和目标。所谓职业期望，是指个体对某种职业的渴求和向往。人类社会自从有了职业，人们就有了职业期望。随着社会的发展、职业的不断分化和新职业的产生，人们的职业期望呈现出多元化的态势。职业期望是复杂多样的，但在现实生活中，并不是所有的职业期望都能变成现实。一个人的职业期望能否变成现实，主要看其是否合理。任何一种职业的选择都要受到社会需求、自身素质以及其他的社会因素的制约。有研究显示，许多求职者的尴尬境遇都是由一些心态上的误区造成的。大部分人并不了解他们真正想要的是什么，而是选择摆在他们面前的道路或采纳周围亲朋好友的意见；也有的人知道他们想做什么，但却往往不知如何去实现自己的梦想；还有的人害怕失败，不敢去追求他们真正想要做的事业。即使那些表面上看来风光无限的成功者，有时也会觉察到他们职业上的自我与真正的自我相差甚远，每每会有在自己的生活中存在着一种格格不入的感觉。哲学家查尔斯.汉迪花了很多年时间才弄清楚他真正想要的是什么。他在《未来的工作》一书中写道："我在我的前半生，花费了很大的力气，想努力成为另一个人。在中学读书的时候，我想成为一个伟大的运动员；在大学里，我想成为一位备受社会尊敬的社会名流；大学毕业后，我努力做着一个成功的商人；再后来，我当上了一家企业的主管。但我很快发现，在上述任何一种身份上我都不会成功。但这样的认知不会阻止我一试再试,同时我对自己沮丧无比。问题就在于我努力成为另一个人,却忽略了我可能成为的那个人。我只是跟随时代的大潮和惯例,用金钱和地位来衡量成功,在别人已经界定好的社会阶梯上努力攀爬,在此过程中积累物质资料,建立人际关系,而没有努力去表达自己的想法和个性。"汉迪总结了很多人的想法。历史上充斥着无数个这样的故事:某某人由于刹那间的顿悟,改变了自己的职业方向,实现了真正的梦想。因此,人们在职业选择过程中,应实事求是地对自己的职业期望有一个客观科学的分析,在求职实践中尤其要防止和摒除各种不合理的职业期望,以自己的专业特长、个人素质优势以及客观的社会需求为基础,确定合理的职业期望。

(二) 职业声望

职业声望。人们对职业的社会评价。它是职业社会学研究的范畴之一。对职业声望的研究,始于19世纪末期。1897年 W.亨特在研究美国职业的社会地位时,将职业分为产业主级、秘书级、熟练工人级和非熟练工人级 4 个等级。1925 年,G.康茨第一次使用他自己编制的职业声望量表,对美国的职业声望进行调查。第二次世界大战后,对职业声望的经常性调查,在许多国家已成惯例。

1. 决定职业声望高低的主要因素

(1) 职业环境。即任职者所能获得的工作条件的便利与社会经济权利的总和。包括职业的自然环境与社会环境,如工作的技术条件、空间环境、劳动强度、工资收入、福利待遇、晋升机会等。

(2) 职业功能。一定的职业对于提高国家的政治、经济、科学、文化水平的意义及其在社会生活中对于人民的共同福利所担负的责任。

(3) 任职者素质。如文化程度、能力、政治态度、道德品质等。职业环境越好,职业功能越大,任职者素质越强,职业声望就越高。人们对职业声望的评价具有相当大的一致性。

(4) 社会报酬。职业的社会报酬是指职业提供给任职者的工资收入、福利待遇、晋升机会、发展前景等。一般来说,工作收入高、福利待遇好、晋升机会多、发展前景大的职业,其声望评价也越好。

职业声望的稳定性表现在:

(1) 在不同的社会发展阶段,人们对同一种职业的评价往往很不相同。例如,"核物理学家"这一职业,在 1947 年全美国的一次职业声望调查中被评为第 18 位,而在 1963 年的一次调查中上升为第 3 位。

(2) 具有不同经济文化背景的群体,对同一职业的评价不同。

(3) 不同年龄和性别的群体,对同一职业的评价也有差异。

2. 职业声望的调查与评价方法

①自评法，即让被试者评价自己所从事的职业在职业社会地位层级序列中的位置。②民意法，即让一群被试者评价一系列职业。③指标法，即在"职业环境"、"职业功能"和"任职者素质"3项决定职业声望高低的主要因素中，分别选取一些有代表性的指标，并给这些指标规定一定的分值，然后根据这些指标的总分值来评价某项职业的声望。

第二部分 学生活动

活动1 职业环境分析

运用 SCP 分析方法，结合自己所处的行业，分析你现在所从事职业的行业环境

表 3-1 行业环境 SCP 分析表

外部冲击[Shock] （企业外部经济环境、政治、技术、文化变迁、消费习惯等因素的变化）	
行业结构[Structure] （外部各种环境的变化对企业所在行业可能的影响，包括行业竞争的变化、产品需求的变化、细分市场的变化、营销模型的变化等）	
企业行为[Conduct] （企业针对外部的冲击和行业结构的变化，有可能采取的应对措施，包括企业方面对相关业务单元的整合、业务的扩张与收缩、营运方式的转变、管理的变革等一系列变动）	
经营绩效[Performance] （在外部环境方面发生变化的情况下，企业在经营利润、产品成本、市场份额等方面的变化趋势）	

活动2 职业声望调查表

做法：（1）根据调查表中内容，对你周边的人进行简单的调研；

（2）根据调研结果初步分析职业声望的排序，并分析职业声望排序前三和后三的职业。

职业声望调查表

近几年,就业一直是人们关注的热点话题之一。职业的选择是关乎人生走向的问题,由此而受到高校学子、学生父母的热切关注。我们制作这份问卷,目的正是了解不同职业的社会声望。

(1) 您的性别?

  男_____ 女_____

(2) 您的年龄_____?

(3) 目前就读专业是_____?

(4) 目前就读的专业层次是_____?

(5) 你最喜欢的职业是?(可多选)

  科学研究工作者_____

  明星_____

  运动员_____

  白领_____

  公务员_____

  工程师_____

  医生_____

  民营企业家_____

  自由职业者_____

  教师_____

  律师_____

  作家_____

  管理人员_____

  设计人员_____

  其他_____

(6) 最不喜欢的职业是?(可多选)

  服务人员_____

  保姆_____

  出租车司机_____

  体力劳动者_____

  公关人员_____

  公务员_____

  导游_____

推销员＿＿＿＿＿＿＿＿＿＿
其他＿＿＿＿＿＿＿＿＿＿＿

(7) 父母或长辈是否有期望你从事的职业？
是＿＿＿＿＿＿＿＿＿＿＿＿
否＿＿＿＿＿＿＿＿＿＿＿＿

(8) 他们所期望你从事的职业是？（可多选）
科学工作者＿＿＿＿＿＿＿＿
医务人员＿＿＿＿＿＿＿＿＿
律师＿＿＿＿＿＿＿＿＿＿＿
白领＿＿＿＿＿＿＿＿＿＿＿
建筑师＿＿＿＿＿＿＿＿＿＿
明星＿＿＿＿＿＿＿＿＿＿＿
教师＿＿＿＿＿＿＿＿＿＿＿
运动员＿＿＿＿＿＿＿＿＿＿
民营企业家＿＿＿＿＿＿＿＿
工程师＿＿＿＿＿＿＿＿＿＿
公务员＿＿＿＿＿＿＿＿＿＿
其他＿＿＿＿＿＿＿＿＿＿＿

(9) 下列职业中，你看好哪些职业？（可多选）
科学工作者＿＿＿＿＿＿＿＿
公务员＿＿＿＿＿＿＿＿＿＿
民营企业家＿＿＿＿＿＿＿＿
设计人员＿＿＿＿＿＿＿＿＿
医务人员＿＿＿＿＿＿＿＿＿
证券管理人员＿＿＿＿＿＿＿
自由职业者＿＿＿＿＿＿＿＿
律师＿＿＿＿＿＿＿＿＿＿＿
其他＿＿＿＿＿＿＿＿＿＿＿

(10) 觉得怎样的职业受人尊敬？（可多选）
收入高的＿＿＿＿＿＿＿＿＿
社会地位高的＿＿＿＿＿＿＿
社会贡献大的＿＿＿＿＿＿＿
学有所用就好＿＿＿＿＿＿＿
其他＿＿＿＿＿＿＿＿＿＿＿

04 项目四
职业生涯目标规划

通过本项目的学习,你需要达到以下学习目标:
1. 了解职业生涯目标的内涵及作用
2. 理解职业生涯目标的特性及设定原则
3. 掌握职业生涯目标设定的基本步骤
4. 知晓职业生涯目标的实现途径

任务1
目标的影响力感悟

第一部分 任务学习引导

有效的职业生涯设计需要切实可行的目标,以便排除不必要的犹豫和干扰,全心致力于目标的实现。如果没有切实可行的目标作为驱动的话,人们很容易就会对现状妥协。

一、职业生涯目标的内涵

职业生涯目标是人生总体目标在职业领域理想的具体化,是个人在选定的职业领域内的未来时点上所要达到的具体目标。职业生涯目标的设定是职业生涯规划的核心内容之一。每个人都需要在客观、全面、深入地自我分析的基础之上设定目标,设定目标就是要明确自己想成为一个什么样的人,例如:在行政管理岗位上达到哪一层级,或在专业技术岗位上成为哪一领域、哪一级别的专家等等。一个人事业的成败,很大程度上取决于有无正确、适当的目标。一个人如果没有目标,就如同茫茫大海中的一叶孤舟,只会随波逐流,不知道自己该驶向何方。只有树立了切实可行的目标,才能排除不必要的盲目、犹豫和干扰,才能明确前进和奋斗的方向。目标就犹如茫茫大海中的一座灯塔,能引导你避开险礁暗石,全心致力于目标的实现,并最终指引你驶向成功的彼岸。

目标与理想是有区别的,千万不能把理想当成目标。理想是人们在实践过程中形成的、有实现可能性的、对未来社会和自身发展的向往与追求。理想是我们追求结果的最终表现,在职业上的职业理想更多地表现为某个具体的职位,比如你的职业理想是人力资源总监,那你要从事的人力专员、人事主管等职位就是实现你职业理想的职业目标了。但是很多人只关注于最终的职业理想,而完全忽略了需要先去实现各个阶段的职业目标,所以结果往往就是职业理想根本无从实现。这就好比你要盖一栋一百层楼的大厦,但在真正执行时你却不想盖前面的九十九层,你认为这是在浪费时间,那么你想要盖一百层摩天大楼的理想也就只能落空了。要知道,在职业发展的道路上你的心有多大,舞台就有多大,但这需要我们将宏大的职业理想转化为多个阶段性的、可实现的职业目标,并循序渐进、逐一完成之后,我们的职业理想才会最终得以实现。

二、职业生涯目标的作用

美国的成功学大师安东尼·罗宾斯曾经提出过一个成功的万能公式:成功＝明确目标＋详细计划＋马上行动＋检查修正＋坚持到底。从这个公式中我们可看出,在事业上想成功,首先要明确我们的目标和详细的计划,职业生涯的规划同样如此。但是目前仍然有不少人并未认识到职业生涯目标设定的重要意义与作用。我国的一项调查表明,目前年轻人中尚未制订职业生涯规划的占到80％左右,而且大多数企业也并未认识到为员工制定职业生涯规划的重要性。一些人认为设定职业生涯目标只是一种形式,没有目标照样可以工作和生活;另一些人认为设定职业生涯目标是件很麻烦的事,不愿为此费心费神。然而,如果连这个关系到个人一生事业发展的重大抉择都打算听天由命、放任自流的话,无疑就是将自己一生的幸福交给了别人和所谓的命运,而结果不外乎是随波逐流、草草一生,到暮年回顾之时大多也只能抱憾终身了。

明确而坚定的目标可以成为个人追求成功的驱动力。一个未来的成功者,必定是一个目标意识很强的人。所谓"目标意识",就是头脑中始终有清楚的目标,当一个目标实现以后,他又会紧跟着去实现另一个目标,直到事业成功。当然,在拥有奋斗目标的人当中也有失败者,他们有的是因为目标设定失当,有的是行动落实不够,有的是由于失误或者遭遇了意外等等。由此可见,有目标未必能成功,但想要成功必须要有明确的目标。如果你不知道你要到哪儿去,那么通常你哪儿也去不了。离开了职业生涯目标的设定,也就根本谈不上职业生涯的规划。

职业生涯目标的作用具体来说主要有以下四个方面:

1. 能指出职业行为努力的重点或方向

明确的职业生涯目标能帮助你排除干扰、集中精力朝着正确的职业方向前进,它可以刺激高水平的努力,达到"精诚所至,金石为开"的效果。没有职业生涯目标或者目标选择不正确,缺乏规划行动,将使人浑浑噩噩,一事无成。

2. 能以此合理规划职业生涯的实现路径及时间

职业生涯目标是进行职业生涯规划的重要依据,职业生涯的每一步都应该紧紧围绕目标相互承接、互促互进。根据目标,可以明确规划出在什么时间,做什么事情,做到什么程度。一个事业成功的人可能会在过程中无数次地修改方式、方法,但绝不会轻易地放弃目标,而失败的人总是盲目坚持已有的规划方案,却在不知不觉中改变了原定的目标。

3. 能及时评估并反馈行为效率

以职业生涯目标为标准,能清晰地检查自己每一个行为的进展,明确评估每一个行为的效率,并通过结果的反馈,使其中成功的经验能形成积极肯定的促进效应,而失败的教训能及时得到修正和积累,保证后期职业生涯道路的成功。

4. 能使人看到奋斗的结果,产生奋斗的热情与动力

职业生涯目标能使人预先看到结果,振奋精神。对未来职业蓝图的美好憧憬能使人产生源源不断的动力,激励人们奋发向前、不懈努力。美国哲学家爱默生曾说:"一心向着自己目标前进的人,整个世界都会为他让路。"

三、职业生涯目标的影响力

(一) 不同体育明星人生成败的对比

"前全国女子举重冠军如今在澡堂当搓澡工"的消息,曾经让众多国人为之唏嘘。曾获得过9枚举重比赛金牌,打破过一次全国纪录的邹春兰,退役后却在长春一家浴池做起了搓澡工,一个月收入不足500元,然而这样的情况并不是个例,也不仅仅只存在于运动员的领域。我们身边也有不少大学时代风光无限的学霸、校花、校草,到找工作的时候却成了"老大难",有的后来做了全职家庭主妇,有的虽然一开始进了大公司、拿高薪,但五年以后却一步步走向下坡路。

不少体育运动员就像当年的邹春兰一样,从来没有想过不当运动员之后要做什么,更没有为自己以后的事业或生活提前做任何准备,当他们到了不得不退役的时候,大多也就是拿了国家支付的补偿款后就赋闲在家,他们中的大多数人文化水平都不高,甚至觉得自己除了体育就什么也不会了,所以在退役之后没几年就坐吃

山空,陷入了生活困境。

然而,与邹春兰相比,曾经也是运动员的施瓦辛格,却实现了从健美冠军、电影明星、到加州州长这样一个不断前进的职业发展历程。为什么施瓦辛格没有像许多中外运动员那样如同彗星一般在短暂的闪耀之后迅速陨落,而是不断地实现着职业上升和发展呢?

施瓦辛格在20岁获得了第一个健美冠军之后,各种荣誉纷至沓来,但他并没有沉溺其中止步不前,而是理智地确立了自己的下一个目标:进入电影界拍大力士影片。第二年,施瓦辛格来到美国追寻自己的梦想。他清醒地认识到健美运动员是一个"吃青春饭"的职业,健美运动员只是自己成为一个动作明星的敲门砖,是职业发展的第一步。施瓦辛格在美国面临着语言不通的巨大障碍,但他并没有因此被难倒,他一直努力并坚持向自己的目标迈进,一边继续从事健美运动,一边积极寻找机会进入电影界。两年后,他史无前例地获得了三项健美冠军,同一年,他出演了第一部电影。一开始,施瓦辛格的转行并不成功,最早几部影片上映后,他被影评无情地评论为:四肢发达、头脑简单、无聊的演艺界门外汉。他说:"在很长的时间里,我很努力地上表演课、发音课、演说课、纠正口音、提高演技,所有这些我都非常努力"。他还一边打工,一边利用业余时间学习大学课程,增加文化修养,拓宽知识面。由此可见,施瓦辛格的成功也是得益于他给自己制定的职业规划。真正的职业规划,不只是一纸计划和空想,而是真正确定坚定的职业目标和长远的职业规划,并坚持不懈、一步一步地努力去实施,我们每一个人,都要对"走一步算一步"的状态敲响警钟。

(二)著名企业家比尔·拉福的成功经历

美国著名企业家比尔·拉福,当他还是一个小伙子时,就立志要做一名成功的商人。中学毕业后他考入麻省理工学院,却没有去读贸易专业,而是选择了工科中最普通最基础的机械专业。大学毕业后,他没有马上投入商海,而是考入芝加哥大学,攻读了三年的经济学硕士学位。出人意料的是,获得硕士学位后他还是没有从事商业活动,而是考取了公务员。在政府部门工作了五年后,他才辞职开始下海经商。又过了两年,他开办了自己的商贸公司。20年后,他的公司资产从最初的20万美元发展到2亿美元。比尔·拉福的每一个选择好像都是计划好的,事实也确实如此。

比尔·拉福曾率团来中国进行商业考察,在北京长城饭店接受《中国青年报》采访时,他谈到他的成功应感激他父亲的指导,他们共同制定了一个重要的职业规划,拟定了每个阶段的职业目标,最终这个职业生涯规划使他功成名就。我们来看一下这个规划的简图:

工科学习→学士→经济学学习→经济学硕士→政府部门工作→锻炼处世能

力,建立广泛的人际关系→大公司工作→熟悉商务环境→开公司→事业成功。

我们从比尔·拉福的职业规划案例可以看出:职业规划制定得越早、目标和步骤越具体,实现自己理想的可能性就越大。制定一份职业规划,拟定好实现路径和各个阶段的职业目标,然后一步一个脚印坚持到底地去完成,终有一日你会实现自己的理想。

第二部分 学 生 活 动

活动 1 我的职业理想描述

运用你的想象力和创造性思维,记下你想象的或是最喜欢的工作特征。不需要去想任何特定的职业,这仅仅是一个想象和假设,不需要考虑现实问题,也不需要去想可能面临的难题和障碍,只要反映出你心中所好即可。下面就你的理想工作可能涉及的几个方面的内容,请认真思考后再写下来,尽可能详细一些。

1. 工作的内容

要完成对自己理想工作内容的描述,请先仔细思考以下几个问题:

什么样的工作内容或活动会非常吸引你,让你觉得充满激情,愿意投入全部精力专注去做,甚至不会感觉到时间的流逝?

例如答:策划一个大型比赛项目。

你有什么想要制造的产品或者想要提供的服务?

例如答:我希望能够提供一些有关企业营销策划方面的咨询服务,也就是想做个市场营销策划或市场总监之类的。

你希望将工作做到何种程度?

例如答:我希望能在一个有发展潜力的中小型公司里从基层做起,逐步做到高层管理人员,然后通过我和同事的努力能在 10 年内将这个中小型公司发展壮大成为一个综合性的大公司。

2. 教育或培训

你希望在学校里继续深造吗?

例如答:暂时不打算深造,想本科毕业后就直接找工作,然后根据工作的情况再考虑在职进修或者考研读博。

如果你的理想教育计划中不包括学校,那校外的工作经验和在职培训方面你有什么期望?

例如答:希望能够去一些世界五百强的公司实习一段时间,能多接触和尝试一些不同岗位和性质的工作,开拓自己的视野,多积累些经验。

你愿意参加一个什么样形式或内容的教育或培训,愿意投入多长时间或是多少金钱?

例如答:我想边工作边学习,最好在学习上能取得更高一级别的学历。时间方面,如果是在职学习,最好不要超过一年,如果是脱产的话,最多三年,只要值得,多少钱都愿意投入。

你希望自己拥有什么样的经验或是知识的储备?

例如答:我希望拥有丰富的市场营销知识和经验,还要具备一些心理学和公关礼仪方面的知识,能流利地说英语,最好还能说一些其他的外语。

3. 工作能力

你在工作中希望能够使用和发展出怎样的技能?

例如答:我希望具备较强的沟通能力,同时能培养遇事处变不惊,能沉着冷静地分析和解决问题的能力。

4. 薪酬和福利

你希望一开始的月薪是多少?三五年以后,你期望达到的月薪是多少?

例如答:开始至少要有 3 500 元,三五年后我希望能在 10 000 元以上。

你期望住在什么样的房子里?把你能想到的具体细节都写下来,例如房子的位置、学区、环境、配套、交通、装修等等,然后估算一下购买这样的理想之家需要多少钱?加上你平时的生活开销,算算你平均每月要挣多少钱才能实现。

例如答:我希望能住在城市一环以内的小高层里,要有四个房间,大概 120 平米左右,不需要豪华装修,只要温馨实用就好,位置要离我工作的地方近,还要有不错的学区,周边最好有成熟的配套,例如医院、地铁、购物中心等等,最好小区的绿化和物业都能不错。这样我每个月至少要挣 8 000 元左右才能负担得起。

5. 工作环境

你希望在怎样的环境下工作?工作时间和强度如何?你喜欢怎样的企业文化氛围?

例如答:我希望在一个有发展前景的中小型公司工作,能做高级管理者或者高级咨询师,有自己的独立办公室,平时可以很忙碌,但是每年要有两个月的带薪假期可以好好放松一下。我喜欢的企业文化氛围是锐意创新、公平竞争、合作互助、奖罚分明,希望能和同事成为工作上的好搭档,生活中的好朋友。

6. 工作地点

你希望在哪里工作?单位类型:政府机关、部队、事业单位、国企、大公司、小企业、研究机构、自己开公司等等。地理位置:大都市、中小城市、沿海、中部、西部等等。请详细列出。

例如答:我希望能在一个海滨城市,在一家有发展前景的中小型公司做高层管理者,我希望通过我的努力可以将该公司发展壮大,成为一家知名企业。

7. 工作伙伴

你希望与你共事的人具备什么样的性格特征?男女比例如何?

例如答:我希望能与性格活泼开朗、敢于大胆创新、但又能细心落实的人共事,同事中的男女比例最好对半分,因为男生多敢于创新拼搏,而女生多细心谨慎,我想这样的搭配也能使我们的工作有条不紊。

8. 职业发展预期

你认为与你想要的理想职业相匹配的工作机会多吗?你能承受多大的竞争压力和挫折?职业发展对你来说重要程度如何?

例如答:这样的工作机会不少,因为近年来我国的创业热潮兴起,各个领域和行业都有不少起步不久的新企业,这就是我的机会。我可以面对一切竞争,我不怕失败和挫折,我能从中不断地提高自己,我相信自己的能力和胆识,狭路相逢勇者胜,我会一步一步、踏踏实实地完成我的职业目标。职业发展对我来说非常重要,因为这同时也是我的人生目标——打造自己的事业,我希望我的工作不仅是养家糊口的工具,更是我获得成就感和生活意义的主要来源,是我愿意为之奋斗一生的事业。

9. 个人的工作满意度和生活幸福感

你希望你的理想工作能带给你什么?你希望你的工作和生活之间是一个怎样的关系?请综合考虑薪酬、家庭关系、成就感、挑战性、健康、任务的多样性、稳定性等等内容。

例如答:我希望能成为一个让大家信服的领导,能使我的团队紧密团结、屡创佳绩。我的理想工作能给我带来权利、威望、成就感、和崇拜者,能满足我挑战的欲望和征服的野心。我想我的生活应该会更多地以工作和事业为中心,当然我也会尽量保证与家人的相处时间,利用每年的假期带家人一起去旅游度假。我希望我能享受我的工作,并能游刃有余地处理各种公务,能拥有健康的身体和幸福的家庭。

10. 得失与利弊

你的理想工作有哪些优点?你在工作中最不希望出现的情况是什么?如果你听说过某些不好的事情,并且希望"这样的事千万别发生在我身上",那么也请把它写下来。

例如答:我的理想工作要能体现我的价值,给我带来较高的成就感、声望和权力,也能给我带来丰厚的报酬,让我和家人能拥有较高的生活质量。我最不希望的事情就是因为忙碌的工作而让家人感到孤单或是无法照顾他们,我也不希望过高的工作强度和压力摧毁我的健康。我听说过的最不愿发生在自己身上的事情就是:事业成功了,但家庭破裂了,以及事业成功了,却积劳成疾,无法享受生活。

任务 2
探索目标的真相

第一部分 任务学习引导

一、职业生涯目标的特性

对于想不断晋升和提高的人来说,职业规划尤为重要,而职业目标的确定就是你在做规划时要考虑的头等大事。我们必须先了解职业规划的目标具有什么特性,才能提升我们确定的职业目标的科学性和可实现性。职业生涯目标的特性有:阶段性、动态性与专注性。

(一)目标具有阶段性

就像人的成长可以分为很多不同阶段一样,目标也具有阶段性。个人的成长与其目标的发展可以说是沿着同一轨道进行的。一个人的目标可以分为很多方面,包括工作、家庭、人际关系、健康、经济收入等多方面的目标。在每一个不同方面的不同阶段都应该有不同的目标。所以说目标是有阶段性的,人在不同的时期有不同的目标。目标同时又是兼容的,每个人虽然只有一个大目标,但同时又可以分解成若干个小目标,而每个小目标又是有先后顺序的,不同的阶段对应不同的顺序。所以总目标的可行性体现在各阶段目标的可操作性上。因此,建议大家应该为自己的远景目标制订一个详尽可行的发展规划书。要知道,无论哪一种成功,都不可能是一蹴而就的,许多人之所以失败,就是因为他们没有一个详尽可行的计划,只是一味地空想,而制订各阶段性的目标并为每个阶段性目标拟写一个具体实现的规划书,则是解决这一问题的有效方法。

我们身边的许多人虽然整天看起来都在忙忙碌碌,但却总也不见有什么成绩,因为我们大多数人都没有将目标的阶段性明确化,也就不懂得据此去合理地分配时间,只是困在自己眼前的繁琐事务中日复一日地碌碌无为着。而另外有一部分人,他们深知"20/80 法则"的运用,每天只用 20% 的时间去处理那些眼前急迫的事情,而用 80% 的时间去做更重要的、有利于自己长远发展的事情,这样的人才能不断地积累财富、资源,提高自身能力,实现事业和人生的成功。

职业生涯目标的确定包括人生目标、长期目标、中期目标与短期目标的确定,它们分别与人生规划、长期规划、中期规划和短期规划相对应。一般来说,我们首先要根据个人的专业、性格、气质、价值观、意愿以及社会的发展趋势等,来确定自己的人生目标和长期目标,然后再把人生目标和长期目标进行细化,根据个人的知识、能力、拥有的资源和所处的组织环境等,制定相应的中期目标和短期目标。

人生目标:整个职业生涯的规划,时间跨度可长至40年左右,设定整个人生的发展目标。

长期目标:5~10年的规划,主要设定较长远的目标。

中期目标:一般为2~5年内的目标与任务。

短期目标:2年以内的规划,主要是确定近期目标,规划近期要完成的任务。

一个人事业的成败,很大程度上取决于是否确立了正确且适当的目标。没有目标就如同一个无家可归的人,站在喧闹的城市街头,不知道自己身在何处,要去向何方,只能毫无目的地游荡。只有确立了切实可行的目标,才能排除一切不必要的犹豫和干扰,明确努力奋斗的方向,冲破一切困难和阻碍,专心致力于目标的实现,最终找到那个属于自己的家。

(二)目标具有动态性

这个世界瞬息万变,环境在变,人也要变,所以目标的各个阶段也具有动态性,也就是具有灵活可变性。

就像一场篮球比赛,由于双方队员的跑位不断变化,我们若想命中篮筐,就必须不断地调整自己的投篮角度和方式,以适应所处的位置变化。社会是动态的,未来是动态的,科技的发展也是动态的,因此,为了适应动态的环境变化和发展,我们必须适时地调整自己的目标,使其变成适应当时环境的动态目标。

每当完成一个短期目标之后,我们就会自动地转向实现下一个短期目标。没有明确目标的人,就像没有罗盘的船一样无可依靠。如果你仔细地分析航行者的图表,你会发现在整个航行过程中,从出发地到目的港,其路径并不是一条直线,而是一条弯弯折折的曲线。船长必须时常修正航行方向,以免船只因为外力影响而偏离航道,这其中每一次修正的都只是短期目标,而长期目标和最终目标是不变的。就像在航行过程中,路径可以改变,但始终不变的是航行的最终目的地。

个人职业生涯的阶段性目标也会因时、因境而做出一定的调整和改变。比如,一般人在职业生涯规划初级阶段的目标会较多地考虑一些经济利益,以满足自己的生存和物质需要。随着初级目标的实现,下一阶段的职业目标就会更多地考虑成就感的获得;再进一步,长期的职业目标则会加入获得人生幸福感和人生意义的考量。当然,任何一种职业生涯阶段性目标的设定都是因人而异的,其内在本质是由个人的价值观和人生观所决定的,但也不能排除社会人文和经济环境等外在因素带来的影响。

(三) 目标具有专注性

人在每一个阶段都应该有且只有一个具体而明确的目标。有些失败者之所以会失败,是因为他有十个目标,而有些成功者之所以会成功,是因为他只有一个目标。目标的实现需要我们集中精力、全神贯注、专心致志。专注的力量很大,它能将一个人的潜力发挥到极致。有句古语说:能够到达金字塔顶端的动物只有两种,一种是苍鹰,一种是蜗牛。苍鹰之所以能够到达,是因为它拥有傲人的翅膀;而慢吞吞的蜗牛能够爬上顶端,却是因为它认准了自己的方向,并一直沿着这个方向努力。

专注目标就要求我们确立的目标必须是有针对性的,它必须指向一个特定的领域,或者与之有紧密关系的相关领域。而为了保证目标的实现,我们必须设定可操作性与合理性较强的目标,这就需要我们充分且深刻地了解这一领域的专业知识,才能避免因设立了不恰当目标所带来的风险。专注目标就需要我们像一颗钉子一样,找准一个点,然后钻进去,做深做透。

二、职业生涯目标的设定原则

(一) 全面适应性原则

职业生涯目标本身并没有好坏高低之分,只有适合与不适合之说。职业生涯目标,就像是一种"产品","产品"需要有其对应的"市场需求",才有"生产"的必要和市场前景。一个人要确立职业生涯目标,发挥所长,就必须适应社会和组织的需要。如果脱离了社会和组织的需要,那么个人的专长也就失去了价值,其职业生涯目标也不可能实现。因此,我们必须综合考虑社会环境、组织发展和个人专长的情况,来确定自己的职业目标和行为方式。

职业生涯目标的设定需要遵循全面适应性原则,包括要适应社会环境发展的需要、适应企业组织发展的需要和适应个人成长与发展的需要。为自己设定一个适应社会、组织和个人发展需要的职业生涯目标,是保证个人职业生涯发展成功的基础。

(二) 兼顾高远与可行的原则

职业生涯目标的设定既不宜过高,也不能过低。应该在通过自身实际能力和潜力能实现的基础上,确定稍高一些的目标,这样才能拥有更好的前途。如果设定的目标仅限于自己的能力范围之内,只求工作的轻松省力,回避新的挑战,就会使人陷入畏缩不前、消极保守的状态,而最终结果只能是温水煮青蛙,不但难有作为,更有可能被这个日新月异的时代所抛弃。当然,职业生涯目标也不能定得过高。如果目标过高,容易使人漂浮在幻想的高空,如同追逐海市蜃楼一般,一切的努力均是枉然,结果只能一事无成,这样的目标就失去了意义。而且盲目、过分地提高职业生涯目标中的"含金量"无异于提高其"勉强度",也会因为好高骛远而招致失败。

所以我们设定的职业生涯目标一定要现实、可行,但同时也要进行合理地冒险。职业目标是职业生涯规划设计里的核心,拟订职业目标时,一定要确保目标的可实现性以及有压力性这两个要点。有实现的可能性,会给我们带来信心和希望,而有压力会给我们带来无限的前进动力。

(三)小幅度原则

铁钉之所以能钉入坚硬的水泥之中,就是因为它将所有的敲击之力都集中在钉尖那小小的一点,一次、两次持续不断地将敲击之力汇集、累加才最终实现了突破。一般来说,职业生涯目标指向的专业领域越窄小,则越有针对性,实现其所需要的时间和精力就越容易集中形成合力,成功的几率也越高。所以,在设定职业生涯目标时,其专业面不要过宽,最好是先选择一个较窄小的领域或主题,把全部的身心和精力都投入进去,这样才更容易取得成功。但是,如果你认为你的职业目标所涉及的专业面必须要有一定的宽度和广度的话,那么起码在开始的时候要把主攻领域定得窄一些,待突破了一点点,取得了一定的成就,积累了一些经验之后,再考虑扩大专业面的宽度和广度。

(四)明确具体原则

目标明确是指目标要有可供执行和衡量的量化指标。例如:时间上,是用5年完成还是10年完成;程度上,是通过英语四级还是六级等等。量化的指标便于检验和评估目标的完成情况,也便于有针对性地制定相应的实施及整改措施。

目标具体是指目标的内容和范围要确定,要能对个体的行为产生直接的导向作用。例如:"我要成为一个优秀的营销人员",就不是一个具体的目标,但"我要完成本季度3 000万的销售量,成为公司销售明星榜的榜首",就算得上是一个具体的目标了。

(五)长短搭配原则

职业生涯的发展是一个有序的、逐渐展开的过程。就像一场马拉松比赛,成功的关键就在于将漫长的赛道分解为若干个小段,并为每一个赛段设置一个明显的标志性建筑作为赛段的目标,在逐个完成赛段目标之后,就能到达那最初看起来遥不可及的终点。职业生涯目标的实现也需要我们先把总体目标分解为若干个长期目标,然后再将其进一步分解为若干个中期目标和短期目标。职业生涯目标的设置应该注意长短结合,兼而有之。总体目标和长期目标为我们的职业生涯发展指明了方向,而中期目标和短期目标则是实现长期目标的保证。短期目标的达成,能让人获得成就感和信心,鼓舞自己继续向着更高的目标前进。但如果只有若干个零散的短期目标,而缺乏长期或总体目标的指引,就会让人看不到美好的前景和前进的方向,故步自封,也会缺乏持续奋斗的动力,还会容易受外界干扰而出现摇摆不定的情况,甚至偏离原定的职业生涯发展方向。

(六) 一对一的原则

一对一的原则指的是要兼顾目标的阶段性和专注性。职业生涯目标是有阶段性的,不同的发展阶段应该对应有不同的阶段性目标,但一个阶段内的目标不宜过多,而应该集中为一个。同一阶段的目标如果设立太多,容易使人分心,一个人的精力是有限的,如果把自己的精力分散,那么将很容易导致失败。职业生涯目标就是我们事业上追逐的对象,你有见过同时追逐五只野兔并成功捕获的猎人吗?猎人一次只追逐一个猎物,猎枪一次也只能瞄准一个猎靶,但这并不是说我们就不能设立多个目标,而是要求我们把这些目标分开来设置。具体来说,就是一个阶段一个目标,拉开时间差距,实现了上一阶段的目标之后,再去实现下一阶段的目标。

(七) 松弛有度原则

职业生涯目标的实现之路都是漫长且暗藏阻滞的,所以我们在实现目标的安排上,不能过急、过满或过死。如果过急,时机或条件未成熟,又或者积累不够、经验不足,容易栽跟头,所谓"欲速则不达",过急的结果要么是计划失败,要么就是工作质量不高;如果安排得过满,在同一时期内要完成好几个工作目标,则容易顾此失彼,造成心理压力和工作量过大,劳累过度,难以长期坚持,结果要么不堪重负累到,要么受不了精神压力而中途放弃;如果安排都得过死,例如计划在某一时期内只做某一件事情,而现实环境下却因为某些主客观因素干扰而使得目标未能完成,也不能再补做的,就会感到失落和茫然无措。

因此,职业生涯目标的安排应该张弛有度,留有余地。这指的是在目标实现的安排上要留有机动的时间,这样即使是发生了某些不可抗力的意外,我们也能有一定的时间和精力来灵活地处理。实现目标的时间安排要从实际情况出发,不慌不忙,不急不躁,不要刻板,要灵活机动,在不影响最终目标实现的情况下,每个阶段具体的完成时间和做法完全是可以调整和变换的。

(八) 综合平衡原则

在确定职业生涯目标的时候,要注意将职业目标与家庭、健康、生活等要素进行相互协调、综合考虑。因为事业的成功、家庭的和谐与身体的健康等都是个人生活质量和人生幸福的重要指标。所以,我们在制订职业生涯目标的时候应该将所有要素作为一个有机整体来综合考虑,不应偏废任何一个方面。人生要幸福,必须要有一定的物质基础,所以在制订个人的职业生涯目标时,应该适当地对个人收入问题加以规划。感情和婚姻也是人生中的一件大事,处理得好,有助于事业的发展,人生幸福美满;处理不好,不但会影响事业,而且会让身心饱受痛苦的折磨,我们身边不乏那些看似事业有成,但却孤独终老的白领、金领,也有不少为了事业顾不上家人,结果婚姻破裂或亲子关系恶劣的例子,可见仅仅事业的成功并不能带来真正幸福的人生。俗话说得好,身体是革命的本钱,事业发展也离不开身体的健康,近年来不乏青年才俊在工作中猝死或积劳成疾英年早逝的新闻,我们身边也有很多人年轻的时候用身体挣金钱,等年纪大时,却又用金钱来买健康,这笔账很不划算,所以为了能有一个保质保量的人生,我们每个人都应该重视健康,不该肆意挥霍,在制定职业生涯目标的时候,必须要考虑到自己的身心承受能力。只有在综合考虑了影响个人人生幸福的各种因素之后所制定的职业生涯目标才是真正适合自己的职业目标。

最后需要强调的是,一旦你经过深思熟虑确定了自己的职业生涯目标,就要坚定不移地去执行。要知道:人生的幸福与成败是掌握在自己手中的。规划好你的人生,规划好你的事业,是你的权利,也是你的义务和责任,更是决定你一生伟大与平凡,成功与失败的关键,请对自己的人生负责。

第二部分 学 生 活 动

活动1 职场新人该如何确定自己的职业生涯目标?

作为初入职场的新人,难免会感觉到忙乱和迷茫,你是否也有满腔热血却奋斗无门的感慨?是否也在为寻找不到自己的职业目标而苦恼?下面为刚刚踏入职场的朋友们提供几个寻找自己职业生涯目标的方案,请大家以此为鉴,结合自身的实际情况拟写出个人的职业生涯目标,包括总体目标、长期目标、中期目标和短期目标,越详尽越具体越好。

方案一:立足本行业,谋求更高发展

第一步:短期目标——稳扎稳打,立足现有岗位求发展。需要抓紧时间,在现有岗位上充分学习、全面掌握相关专业技能。在此之后,转换工作环境。可计划离开目前规模较小的公司,到大中型企业谋求初级岗位。需要提醒的是,转到大企业的任职初期,薪水或许得不到较大提升,但只要企业文化氛围对自身职业技能的发展有利,也就达到了转换职业环境,进一步谋求发展的目的。

第二步:中期目标——3年内成为行家。中期目标是成为相关职业的专家。例如能熟练运用英文,广泛涉猎心理学、管理学、营销学等领域的书籍,拓宽知识面,提升技能,为下一步实现进入管理层的目标做准备。

第三步:长期目标——10年内成为中高层管理人员。通过在各个基层岗位的锻炼,在掌握技能的同时也熟悉了企业的运作流程和管理方法,经过自己的深入思考,提出工作方法改进或管理方式革新的策略,勇创业绩,成为企业发展的中流砥柱。

方案二：积累知识、财富、人脉及社会经验等资源，寻找机会创业

第一步：达到短期目标——应聘于一家较大的公司任相关岗位。初任时的工资可能低一点，无需太过介意，只求在公司站稳脚跟，争取在两年之内全盘熟悉公司的相关管理流程。

第二步：积累相关行业信息、社会经验和人脉网络。在做好日常工作的前提下，注意积累行业信息和相关领域的知识，了解公司的运作细节，最好能多与企业中各个部门的人员交朋友，或争取轮岗的机会，并多向企业的管理人员取经，为今后自己经营管理企业打下基础。

第三步：实现中长期目标——完成前期积累，自己当老板。要做个有心人，待知识、信息、经验、人脉和资本积累基本完成的时候，寻找合适的机会自立门户，进入新的职业发展通道。

对于职场新人来说，要谋求职业生涯的良性发展，必须抓住入职的前三年。不要过于关注收入的高低，不要一味地奉行兴趣至上，要能沉下心来打基础，培养良好的心理素质，学会思考和解决各种问题，及时提高认识社会和认识自我的能力，要对个人的职业生涯进行合理的规划，理性地确立适合自己的职业生涯目标，并付诸坚定而有效的行动，稳扎稳打地朝着职业目标迈进。

活动 2 30 岁朝上的你该如何设定自己的职业目标？

在"90 后"迎来他们的"职场元年"的同时，许多"70 后"和"80 后"的职场人也悄然度过了他们的而立之年，30 岁朝上的他们，对自己当前岗位薪酬的期望以及晋升机会的要求也越来越高。其中有一部分人的职业发展渐入佳境，但也有不少人会因为目前的岗位和薪金达不到个人的期盼而选择跳槽或转行，希望趁着自己"还算年轻"再赌一把。那么作为 30 岁朝上的职场人，我们该如何做好自己的职业规划呢？下面给大家提供一些分析思路作为借鉴，请大家结合自己的实际情况，综合考虑各种影响因素，为自己拟定未来的职业生涯发展目标和规划。

30 岁朝上的职场人大多已经度过最艰苦的职业成长期，在积累了大量经验和技能之后，他们的心态逐渐趋向成熟，慢慢步入职业生涯发展的黄金时期。他们既有跳槽的资本又具备升职的潜力，那么到底该"进取"还是该"坚守"，其实选择因人而异。对于女性来说，在原公司"坚守"也许更稳妥一些。因为她们更多地要承担照顾家庭的责任，"坚守"本职可以让她们在做好现任工作的同时，适当地进修、充电，等待晋升机会，毕竟在原公司有较为熟悉的工作内容和环境，与同事之间的人际关系也较好处理，比较容易兼顾家庭及事业。而对于男性来说，可以根据自己的实际情况，更多地考虑采用"进取"的做法。毕竟在当今的中国社会，不少男性依然

要承担养家糊口的责任，事业的成功是保障和提高家庭物质生活水平的关键要素之一，因此，可以通过积极提升相关的业务水平和管理技能，形成自身在行业内的口碑，尝试向自己心仪的企业或者猎头自荐，物色更好的工作机会，争取更好的职业发展前景。总之，30岁朝上的职场人解决困惑的最根本出路在于理性评估好自己的职业现状，清楚地认识自我，并形成自己的核心竞争力。

任务3
员工职业生涯目标的确定

第一部分　任务学习引导

一、员工职业生涯目标制订的基本步骤

职业生涯目标的设定一般都需要经过六个步骤，即：自我剖析、环境分析、职业与岗位评估、职业目标选择、职业路径选择、制定各阶段的具体目标及计划这六步。在职人员的职业生涯规划当然也需要遵循这六个步骤，只是每个在职人员在制定职业生涯目标的时候，应该根据个人所处的年龄阶段或工作年限的不同而侧重于不同的步骤。下面为大家具体介绍在职人员职业生涯目标设定的六个步骤。

第一步，自我剖析

通过自我剖析，深刻地认识自己，找到自己的特点和强项。其目的是在职业生涯规划中能扬长避短，将自己的职业生涯目标建立在自己的兴趣、特点和优势之上，以提高职业目标的科学性、适合性和可行性。可以通过自我测验、计算机心理测验和自我评估法来进行自我剖析。

第二步，环境分析

环境分析主要包括对社会环境、经济环境和组织环境的分析。环境分析的主要目的是为了知道环境对我们提出了什么要求和限制，知道哪些是有利环境可以充分利用，哪些是绝佳的机会需要好好把握，以确定自己在环境中的位置及发展的潜力和机会。

第三步，职业与岗位评估

在自我分析和环境分析的基础上，对自己目前所从事的职业或岗位进行评估。评估重点为：自己的兴趣是否与职业匹配？自己的性格和特长是否与岗位匹配？目前从事的岗位是否能有助于达成自己的职业目标？

第四步，职业目标选择

在选择或调整好岗位之后,就可以遵循职业生涯目标设定的原则来确定自己的职业目标了。在职业生涯中,有许多值得追求的东西,但我们并没有那么多的时间和精力去实现每一个目标,这就需要我们在众多的职业目标中作出选择。目标的T字形比较法,就是用于多个方案的对比分析,来帮助大家作出正确目标选择的工具(参见表4-1、表4-2)。我们可以通过对比不同目标方案的优缺点,选择更有利于个人长远发展的目标。

表4-1　A方案评估

缺　点	优　点
1.	1.
2.	2.
3.	3.
4.	4.
5.	5.

表4-2　B方案评估

缺　点	优　点
1.	1.
2.	2.
3.	3.
4.	4.
5.	5.

例如:是换工作单位,还是在本单位等待机会;是读博深造,寻求更大的发展机会,还是继续本职工作。使用T字形目标比较法,在进行目标取舍、抉择时应遵循的原则是:两害相权,取其轻;两利相权,取其重;长远利益重于眼前利益。也许两个目标方案本身并无好坏之分,这时就要问自己以下三个问题:我到底想要什么?我的价值取向是什么?对于我来说什么是最重要的事情?在回答了上述问题之后,你就会有所顿悟,如果仍然无法做出选择,就应该提醒自己是否有除了以上这些方案之外更好的选择。

第五步,职业路径选择

在职业目标确定后,就需要进行职业路径选择。职业路径选择就是指从自己目前所在的岗位出发,经过什么路线来实现职业目标,即先学什么,后学什么,先到哪个岗位任职,再到哪个岗位任职等,对此做出科学而合理的安排,对发展路线进行设计。选择的依据主要包括以下三个方面:自己想走哪条路,这是个人兴趣问题;自己能走哪条路,这是个人能力问题;自己可以走哪条路,这是组织环境是否允许的问题,也就是机会与机遇的问题。只有同时具备以上三点的路线才是能行得通的职业路径。

对于许多在一个岗位上工作了多年却缺乏突破的在职人员来说,可以考虑朝纵向、横向、核心方向这三个职业路径方向发展。纵向发展即员工职位等级由低级到高级的晋升,如由助理工程师晋升到工程师的职位等。横向发展指在同一层次不同职位之间的调动,如由从事技术工作的工程师转任生产管理岗位等。核心方向发展指的是虽然职位没有晋升,但是承担了更多的职责,拥有更多参与组织重要决策的机会,例如,出于精简机构的需要,人事部经理还兼管行政工作等。

第六步,制定各阶段的具体目标及计划

要沿着自己设计的职业发展路径,实现自己的职业生涯目标,就必须制定明确而具体的实施计划与措施。计划和措施要兼顾全局与局部,要根据自己的职业生涯目标和规划时间做出详尽安排,阶段性的计划和措施制定得越详细越好。职业生涯目标的实现计划应该从一生的发展写起,先明确职业生涯发展的总目标,然后分别制定出十年计划、五年计划、三年计划、一年计划,以及一月、一周、一日的计划。计划定好之后,再从一日、一周、一月的计划入手,踏踏实实地执行下去,直至实现你的一年目标、三年目标、五年目标、十年目标。

职业生涯目标的抉择要以自己的最佳才能、最优性格、最大兴趣、最有利的环境等条件为依据。离开了自身的优势和环境的许可,设定的职业目标就很难实现。在职人员可以根据前面的分析结果,检视一下自己目前工作的职业和岗位,必要时可以进行调整或者重新选择,只要按照这六个步骤去做,你的职业发展道路会更加顺利和宽广。

二、确定职业生涯目标适用的测试方法

(一) 霍兰德 SDS 职业兴趣测试(适合高中生、大一大二学生)

理论:由美国著名职业指导专家 J. 霍兰德(HOLLAND)编制,历经几十年时间、一百多次大规模的实验研究,形成了人格类型与职业类型的学说和测验。该测验能帮助被试者发现和确定自己的职业兴趣和能力专长,从而科学地做出专业选择或职业选择。霍兰德在其一系列关于人格与职业关系的假设的基础上,提出了六种基本的职业类型。

(1)实际型:例如一般的劳工、技工、修理工等,以及技术性职业,例如摄影师、机械装配工等。

(2) 研究型：其典型职业包括科学研究人员、工程师等。

(3) 艺术型：例如演员、导演等，以及文学方面的职业，例如诗人、剧作家等。

(4) 社会型：其典型职业包括教育工作者与社会工作者。

(5) 企业型：其典型职业包括政府官员、企业领导等。

(6) 传统型：其典型职业包括办公室人员、会计、打字员等。

应用：霍兰德职业兴趣测试一般适用于高中生，通过此测试可以让高中生确定自己的兴趣爱好，给大学的专业选择提供参考。目前我们国内的很多高中已经在实施霍兰德职业兴趣测试了，这是好的开始。如果你是大一、大二的学生也可以测试一下，明确自己的兴趣和适合的专业、职业，以便及时进行调整。

(二) MBTI职业性格测试(适合大学毕业生、在职员工)

理论：MBTI职业性格测试用于对个性的判断和分析，是一个理论模型，从纷繁复杂的个性特征中，归纳提炼出4个关键要素——动力、信息收集、决策方式、生活方式，进行分析判断，从而把不同个性的人区别开来。该理论用于解释为什么不同的人对不同的事物感兴趣、擅长不同的工作，并且有时不能互相理解。MBTI人格共有四个维度，每个维度有两个方向，共计八个方面，分别是：

外向(E)和内向(I)：例如，我们与世界的相互作用是怎样的？

感觉(S)和直觉(N)：例如，我们自然留意的信息类型？

思考(T)和情感(F)：例如，如何做决定？

判断(J)和知觉(P)：例如，做事方式？

每个人的性格都落于四种维度每一种中点的这一边或那一边，我们把每种维度的两端称作"偏好"。四个维度在每个人身上会有不同的比重，不同的比重会导致不同的表现，关键在于各个维度上的人均指数和相对指数的大小。

应用：MBTI测试是目前性格测试中最著名的，在世界五百强中，80%的企业有MBTI的应用经验。我国的"宝钢""海尔"等大型企业，也运用该测试来确定员工的主要性格，并据此帮助员工进行有效的职业生涯发展规划。此测试不适用于高中生，主要是因为高中生的性格还未完全养成，在其大学期间或初入社会的前几年其性格大多会有一定的变化。

(三) 职业锚定位测评(适合在职员工)

理论：职业锚测评是通过对你过去行为的分析和未来目标的探索，帮助你认清一个你没有深入发掘和认真体会的清晰、真实的自我，从而使你在面临职业选择时，能做出与自己的价值观和内心真实自我相匹配的职业决策。职业锚强调个人能力、动机和价值观三方面的相互作用与整合。职业锚是我们内心深层次价值观、能力和动力的整合体，它是职业决策时最稳定不变的因素，一般情况下一旦确定就很难改变。

应用：职业锚测评主要适用于在职员工。对于那些初入社会工作不足五年的员工来说，他们正处于职业的选择和转变期，虽然他们对自己以及自己想要从事的职业已经有了一定的了解，但还需要在一次次的职业或岗位的转变中找到真正属于自己的那个职业锚。对于那些考虑转行或跳槽的员工来说，更应该先使用职业锚测评对自我的定位有个最真实的认识。俗话说得好：找到职业锚，才能做自己人生之舟的船长。

（四）DISC 行为模式测试（适合在职员工）

理论：DISC 理论首先在 20 世纪的早期出现，威廉·莫尔顿·马斯顿（Dr. William Moulton Marston）教授，心理"测谎器"的创始人，他基于其个人激励的理论创建了 DISC 的行为因素分析方法，并在其书中加以构建，这是迄今为止为数不多的将心理学应用于心理健康的普通人的尝试。从此之后，DISC 这四个字母：Dominance（支配）、Influence（影响）、Steady（稳健）、Compliance（服从）便广为流传。

内在行为模式：是你天生的、固有的行为模式，代表着你最自然真实的内在动机和欲求。这种行为之所以常在你处于压力时显现，是因为你没有空间或时间去思考如何调整你的行为，这种行为模式你通常不自知。

外在行为模式：是你基于自身对环境的判断与认知，认为自己在特定环境下理应呈现的理想行为模式。这个模式通常代表个人试图在工作中采用的行为类型，是你的一张环境"面具"，这种行为模式通常不被他人所知。

认知行为模式：在真实世界里，每个人对自己都有一种特定的认知，继而产生一种特定的行为模式，这种行为模式是个体来自过去的习得性反映与环境期待的一种结合，这种行为模式相对稳定，因此也通常被他人和自己所熟知。

应用：DISC 是目前企业招聘中使用最多的招聘测评之一。中国的大中型企业、猎头公司以及国际上的大企业，在招聘时经常会使用 DISC 测评，因为他们不仅需要你的技能，而且更注重你的行为模式，这属于个人的基本素质之一。个人通过 DISC 测试也可以帮助你更加成熟，更具主观能动性，能根据环境的要求来调整自己的行为，而不仅仅是顺应自己的心性去做事。

（五）贝尔宾团队角色测试（适合团队工作的在职员工，尤其是创业团队）

理论：英国剑桥大学的教授贝尔宾（Dr. Raymond Meredith Belbin）在 1981 年提出了团队角色模型的理论，该理论指出：每个人在工作环境中都有两个角色，一个是职能部门里的角色，通常由个体的岗位头衔所决定；另一个不那么明显，是个体天然倾向的团队角色。根据这个理论，贝尔宾教授创造了九种类型的团队角色，它们分别是执行者、协调者、鞭策者、智多星、外交家、审议员、凝聚者、完成者以及专业师。每种类型的角色都有其特色与专长，但同时也伴随着一定可接受的弱点。每个人都不只有一个角色，一般会有两个左右的"显著角色"，团队是否完美就在于团队中的人是否在"显著角色"中有"互补"效应。

应用：如果你希望团队能出色地完成任务，那么团队角色的区分是必需的。俗话说："没有完美的个人，只有完美的团队。"尤其是对于以"项目"为主导的团队，例如创业团队，如果你想要创业成功，就必须要确保你的团队成员有各自担当的角色，而且具有"互补"的效应。例如互联网领域的创业，其技术的重要性不可或缺，如果你本身是技术型人才，那么你在创业时千万不要再去找技术类的人才来做合伙人了，因为那并不能形成"互补"，而应该去找那些电子商务类人才或管理类人才作为团队合伙人，这样互补的团队才更有可能实现成功的创业。

（六）TKI 冲突处理模型测试（适合经理级人物）

理论：TKI 测试是由美国行为科学家托马斯以及他的同事克尔曼提出的一种二维模式。它是基于这样一个原理：不同类型、不同程度的冲突对于个体和团队的绩效存在不同的影响。托马斯认为，冲突本身不是问题的关键，如何处理冲突才至关重要。冲突处理模式的选择会影响冲突的演进和结果，进而影响冲突双方的绩效表现。托马斯提出的模型是，以沟通者潜在意向为基础，冲突发生后，参与者有两种可能的策略可供选择：关心自己和关心他人。其中，"关心自己"体现武断性，作为横坐标；"关心他人"体现合作性，作为纵坐标，于是定义了冲突行为的二维空间。这样，就出现了五种不同的冲突处理的策略：竞争、合作、妥协、迁就和回避。

应用：工作中，冲突通常被认为会带来负面的影响，但实际上，冲突恰恰是组织变化和改善沟通的催化剂。TKI 冲突模型是目前全球最主要的冲突管理评价方法，被专家们用来分析各种不同的冲突处理方式以及它对于个人和团队的影响。"管理"的目的归根到底就是"处理冲突"。TKI 的测试可以让你与其他的经理人进行比较，有利于发现在处理冲突的过程中你所采用的方式、方法是否存在偏差或有待改进的地方。

第二部分　学生活动

活动1　如何在无目标状态下找到自己的职业目标？

俗话说，万事开头难，其实，很多时候最令人头疼的并不是职业规划问题，而是我们无法明确自己的职业生涯目标到底是什么。的确，当一个人迷惘的时候，你让他给自己制定出一套完整的职业生涯规划来，是不切实际的。不论你是由于自身能力和素养的提高，而使得原有的目标达成或消失，但新目标还尚未形成所造成的无目标状态；还是由于盲目制定目标却无法实现所导致的无目标状态；亦或是由于目标太多、无所适从所造成的无目标状态；不管是哪一种情况，在失去职业目标的状态下,几乎所有人都会变得萎靡、茫然、不知所措。因为寻找不到目标会让人们感觉迷失了方向,也就没有了奋斗的动力,慢慢地就会倾向于随波逐流、安于现状,怎么轻松怎么过,然而这样的人过得却并不幸福,当他们看到别人有所成就时,就会忍不住抱怨,抱怨自己生不逢时、难遇伯乐等等。那么,在无目标的状态下我们到底该怎样做才能摆脱困境,重新找到自己职业生涯的航向呢?

首先,要停止抱怨。当人们处于无目标状态时,最喜欢做的事情就是抱怨,在还没有弄清楚自己到底想要什么之前,就到处找人倾诉,寻求理解和帮助,但结果却是每个人给出的建议都不同,问得越多,自己越迷惘,到最后也不知道该听谁的,总之,就是找不到方向,慢慢地就放任自流、无所事事了。其实,当我们暂时无法确定自己的职业目标时,最需要做的事情,不是去抱怨和倾诉,而应该去检验和审视自己所处于的基点状态,即我们目前所处的具体位置是什么。

第二,要进行基点的比较。基点的内容包括:经济、气质、知识、兴趣、能力、素质、智商、情商、价值观、经验等等。简单来说,你可以将自己目前所处的基点状态,与自己的同学或者同事进行对比,看看到底差距在哪里。例如,假定我大学同学的各个项目的综合平均值为基点 B,那么我现在所处的位置在哪里?假定数值最高的同学的基点位置在 A,那么我应该如何进行查缺补漏、充实自己,才能够尽快地达到 A 的状态?

第三,先制定出短期目标。在没有职业目标的状态下,先不要急于给自己设置一个长远的职业目标,而应该冷静地沉下心去认真地检视自己,哪里有缺失就赶紧补充哪里,给自己制定短期要达到的、能提高自身基点素养的目标,例如获得下一季度的销售冠军、广交朋友、进修外语及 MBA 课程、获取行业发展新动向等。当你在不断学习新知识、提高自身能力和见识的过程中,也在逐步实现着个人基点素养的提高和思维模式的改变,慢慢地,你的头脑和思路会越来越清晰,关于自己未来要追求的职业生涯目标就会逐渐拨开云雾、清晰地显现出来。

如果你现在正处于没有职业生涯目标的迷茫状态,请你按照以上方法,详细分析一下自身的基点所在,并与身边的同事或同学作比较,然后查缺补漏,制定出自己短期提升的目标,并朝着这个方向努力,最终找到你的职业生涯目标。

任务4
员工职业生涯目标的实现

第一部分 任务学习引导

在拟订好职业生涯目标后,我们就应该深入地去思考该如何实现这一目标了。

员工的职业生涯目标可以通过对职业目标的分解和组合来逐步实现。

一、职业生涯目标的分解

由于职业生涯目标一般都比较远大,所以要实现它必须要将其加以细化和落实,这就是职业生涯目标的分解。目标分解是将目标清晰化、具体化的过程,是将目标落实为可实施的具体方案的有效手段。常用的目标分解方法为剥洋葱法,职业生涯目标的分解过程就像剥洋葱一样,先将大目标分解成若干个小目标,再将每个小目标分解成若干个更小的目标,以此类推一直分解下去,直到明确现在应该干什么为止。职业生涯的总目标可以按照时间和性质两种方式进行分解。

(一)按时间分解

职业生涯目标按时间可以分解为人生目标、长期目标、中期目标和短期目标。长期目标是经过自己深思熟虑后选择的、符合自己价值观的、与自己的未来发展相结合的愿望,长期目标应具有现实的可行性和挑战性;中期目标是实现长期目标的基础,也是许多短期目标完成的结果,中期目标一般有比较具体的完成时间,但也可以做适当的调整;短期目标是一些具体的、操作层面的、为实现中长期目标而服务的,短期目标要切合实际,有明确的完成时间,要详细、具体且操作性较强。短期目标服从于中期目标,中期目标服从于长期目标,长期目标服从于人生目标。

(二)按性质分解

职业生涯目标按性质可以分解为内职业生涯目标和外职业生涯目标。

内职业生涯目标侧重于职业过程中知识、经验的积累,观念能力的提高,以及内心的感受,它包含工作能力目标、工作成果目标、提高心理素质目标、观念目标、处理人际关系的目标、获取新知识的目标等六种主要要素。内职业生涯各项要素的获得,需要个人通过不断地学习、研究等方式来实现。确切地说,内职业生涯,是一个人对自我的认识、了解、目标设计、愿望如何达成的全部心理过程。即我是谁,我的兴趣是什么,我能做什么,我要怎么做,我需要什么资源,我要成为什么样的角色等等。内职业生涯各要素是真正的人力资本所在,是一个人职业生涯发展的原动力。内职业生涯的完备,也为外职业生涯的发展打下了良好的基础。

外职业生涯目标侧重于职业过程外在的、可以看得见的标识,主要包括职位目标、工作内容目标、收入目标、工作环境目标、工作地点目标等。外职业生涯着重强调外部环境和外部条件。其构成要素通常都是由他人认可或给予的,也更容易被他人否定和收回,而且常常会随着外在条件的变化而变化。外职业生涯的稳定以内职业生涯的发展为前提,良好的外职业条件还可提升个人对内职业生涯的认知,相互促进,相互协调。内职业生涯的发展是以外职业生涯的发展或成果来展示的,内职业生涯的匮乏则以外职业生涯的停滞或失败来体现。只有内、外职业生涯同时发展,个人的职业生涯之旅才能一帆风顺。

二、职业生涯目标的组合

在对职业生涯的总目标进行分解后,为了更有效地处理不同子目标之间的相互关系,我们还需要对职业生涯目标的各个子目标进行组合。职业生涯目标的组合是将若干阶段性目标按照其内在的相互关系组合起来,以增强职业目标的可操作性和实现效率,尤其是对存在因果关系和互补关系的各个子目标更应该积极地进行组合。目标组合是处理不同目标之间相互关系的有效措施,各种各样的子目标可以从功能上、时间上、全方位上进行组合,其中全方位组合已经不仅仅局限于职业生涯的范畴,它涉及人生的几乎所有活动。

(一) 功能组合

1. 因果关系组合

职业生涯目标的各阶段性目标或子目标之间普遍存在着因果关系。一般来说,内职业生涯目标多是原因,而外职业生涯目标多是结果。例如:刻苦学习并考取注册会计师资格证(获得新知识的目标)——增强自身的会计理论基础和实务处理能力(提高工作能力的目标)——晋升财务总监(职务晋升的目标)——实现年薪30万元(经济收入提高的目标)。

因此,要想实现职业生涯子目标间的因果关系组合,首先要理顺各个子目标之间存在的直接或间接的因果关系,然后从实现最根本的原因性子目标开始,不断努力,一气呵成,最终获得如多米诺骨牌效应一般的职业目标实现的成功。

2. 互补关系组合

即把存在互补关系的各个职业生涯子目标进行组合。互补关系在职业生涯的各个子目标之间也普遍存在。例如:要成为一名优秀的高校教师不仅需要有良好的教学水平,同时还需要有过硬的教研能力,教研过程能提高对基础理论的认识、掌握学科前沿动态,能丰富教学内容、提升教学方法,而教学过程也能为教研提供实践经验和研究主题,两者可以说是相辅相成、互促互进。

因此,要想实现职业生涯子目标之间的互补关系组合,首先要明确提炼出那些存在互补关系的子目标,然后根据个人的实际情况对实现这些子目标所需要投入的时间和精力进行分配,务必做到共同进步、不可偏废,达到各子目标实现进度的统一。

(二) 时间组合

职业生涯目标在时间上的组合可以分为并进和连续两种情况。假如你做的是营销总监,那么它实际上就涵盖了两个职业:一个是营销专业人员职业,一个是管理人员职业。你需要在这两个职业上同时学习,同时提高,既要做优秀的营销人员,又要做成功的管理人员,这两个职业目标并不矛盾,可以同时进行。

1. 并进组合

职业生涯目标的并进组合主要包含两个层面。第一个层面,是指同时着手实现两个平行的、不同性质的职业生涯子目标。例如:管理人员同时兼顾技术业务工作,如营销总监;或中、高层管理人员的"双肩挑"情况,如既是学校的纪检处主任,同时又是思想道德课程的授课教师。第二个层面,是建立和实现与目前工作内容不相关的预备性职业生涯子目标。有时候,人们为了获得更大的发展空间,或者是外部环境变化所带来的压力,使得我们不得不居安思危,为个人未来的职业发展做出更长远地打算。例如随着传统产业的升级以及电子商务的兴起,我们可以考虑在做好本职工作的同时,进修或自学一些电子商务、互联网经济、物流管理等方面的知识,作为储备,以应对未来的挑战,或在本职岗位上进行创新,发挥更大的价值。但需要注意的是,建立和实现本职工作以外的子目标,需要个人具备较强的学习毅力和较好的时间管理能力,否则很容易顾此失彼,得不偿失。

2. 连续组合

职业生涯目标的连续组合是以时间为坐标节点,将多个目标前后连接起来,实现一个子目标之后再去实现下一个子目标,从而在有序地逐步达成各子目标之后,最终实现个人职业生涯的总目标。要知道,职业生涯的每个阶段性目标之间都是环环相扣、紧密相关的,它们都是为实现职业生涯总目标提供支持和保障的。只有认真地完成好每一个短期和中期的阶段性目标,才有可能实现最终的职业生涯总目标。

(三) 全方位组合

对职业生涯目标的全方位组合是指个人的职业目标与家庭生活及个人事务之间的均衡发展、相互促进。它涵盖了人生的几乎所有活动。要实现对职业生涯目标的全方位组合,就要求我们在制定个人的职业生涯目标时,要统筹兼顾自己在个人发展、家庭生活和职业生涯中的各种愿望。要知道,事业不是人生的全部,任何人都离不开家庭、生活和娱乐,科学而合理的职业生涯目标应该建立在能为个人带来幸福人生的基础之上,否则到最后一切的努力都会失去意义。

三、员工职业生涯目标实现的具体过程

员工职业生涯目标的制定和实现可以通过以下环节和过程来完成。

第一,发掘真实愿望。在自我分析的基础上,冷静思考一下,你这一生最想得到的东西是什么?这些东西必须是你内心真实渴望的,而不是任何其他人期望你得到的。同时也要认真想想,你现在所从事的工作是否有助于实现你的愿望。将你的愿望与具体的职业领域或岗位对应,确定你的职业生涯目标。

第二，记录下来。把你的职业生涯目标记录下来，最好能每天都看一遍，只有这样你的职业目标才能真正由心入脑，而不作记录的职业目标仅仅是一时兴起的愿望或者空想，很容易随着时间流逝或事务烦扰而被逐渐遗忘。

第三，坚定信念。不论你的职业目标是什么，不论这个目标现在看起来是多么的遥不可及，你必须绝对相信自己有足够的能力可以达成目标，不要犹疑，只需一路披荆斩棘、勇往直前即可。

第四，明确获益。请想象你在为职业生涯目标奋斗的过程中会获得的成长、经验和收获，以及最终实现职业生涯目标之后的愉悦、成就和满足。这些获益对你来说必须具有极大的吸引力和鼓舞性，必须能给予你追求和实现该职业生涯目标的足够动力。

第五，找到切入点。千里之行始于足下，万里长城也是由一块块不起眼的砖石堆砌而成的，要实现自己的职业生涯目标就必须找到合适的切入点和着手之处，将宏大的远景目标落到实处。

第六，设定期限。在确定自己的职业生涯目标的同时，必须给达成目标设定一个最后期限，这将有利于执行各个实施环节的规划，一般而言，有切合实际的目标、详细的计划和不懈的坚持，80%的职业目标最终都会实现。

第七，梳理需求。根据实现自身职业生涯目标的需要，对各种所需的能力或资源按照重要性和影响程度依次进行排序，包括所需的各类信息、技术、能力、经验、人脉等等，以便在具体的行动计划中逐步获取。

第八，理清阻碍。要明确在实现个人职业生涯目标过程中可能出现或已经存在的各种阻碍，克服或清除因个人自身、家庭内部、组织内部或社会经济环境等因素所带来的各种困难或障碍。

第九，考虑合作，寻求帮助。要完成一个宏大的职业目标，光靠一个人单打独斗是很难实现的，任何一个人职业生涯的成功都离不开团队的合作和他人的帮助，我们需要倚靠团队的力量，也需要知道在遇到难题时可以从哪里寻求帮助。

第十，详细计划。要使得长远的职业目标能落地，就必须根据时间和优先次序写下具体的实施计划，这些计划最初可能只是轮廓性的，但随着你见识的增长和经验的累积，计划措施会补充得越来越详尽，职业目标的实现路径也会越来越清晰。

第十一，肯定成绩，吸取教训。在实现职业生涯目标的过程中一定会遇到各种大大小小的成功或失败，请记住，失败乃成功之母，失败了没关系，重要的是能从失败中吸取教训、获得经验，以成就下一次的成功。而当你每达成一个阶段性目标时，则应该好好庆祝一下，留下美好的记忆，并通过反复回忆达成阶段性目标时的喜悦来强化你实现最终目标的信心。

第十二，坚持不懈。职业生涯目标的实现之路充满坎坷，但千万记住，不要放弃。要知道爱迪生也是经历了11 000多次的失败实验才发明了第一个碳丝电灯，从而改变了人类的生活，所以，想要获得成功就必须在自己确信正确的道路上坚持到底。

最后请牢记，对于职业目标要每天回忆，时常补充行动计划的内容，经常重复你的职业目标，让它由脑入心，深入你的思想和骨髓，由此影响你的思维模式和行为方法。

第二部分　学生活动

活动1　分析职业生涯目标的分解与组合过程

　　2003年，徐娜大学毕业后应聘进入一家中小型民营销售公司——辉宏有限公司工作，成为了一名普通的营销人员。作为职场新鲜人的她对工作充满热情、干劲十足。她给自己设定的职业目标是要成为行业内有名的市场营销大师。具体来说，工作两年内积累工作经验，搞好人际关系，有稳定的客户群，升职加薪，成为普通客户经理；六年内能独当一面，成功策划并实施几个大型的营销项目，具备丰富的工作经验，升任大客户部经理，年薪翻番；十年内成为公司发展的中流砥柱，能与公司老总或上层管理者进行无障碍沟通，并最终进入公司高层管理者行列，年薪超过30万元。由于工作表现良好，徐娜如愿在第二年成为了客户经理，可就在她打算加大马力、全力以赴朝着下一个目标奋进的时候，却发现自己意外怀孕了，由于身体和家庭条件的限制，她不得不将生活的重心由职场转向家庭，六年内成为大客户部经理的目标也只能暂时搁置了。

　　三年后，孩子能上幼儿园了，徐娜终于能有更多的时间和精力来为自己的职业生涯打拼。通过几年客户经理的工作实践，徐娜发现，营销人员大多只关心销售业绩和提成等短期利益，可公司若想发展壮大，则需要设置专门为公司长期业务发展而服务的人员和部门，而自己对此已经有了一整套构想，于是她将自己的构想写成计划书，并找到一个适当的时机向老总提出了这个计划，恰好此时公司老总也正在考虑以塑造品牌的方式来带动销售、开发新市场，徐娜的方案与老总的发展思路不谋而合。于是2009年初，徐娜如愿成为了辉宏公司第一任的市场部经理，开始了其品牌推广的探索之路。

　　经过三年的打拼，徐娜帮公司拓宽了业务范围，也开拓了大片新市场，得到了公司内部的广泛认可。可就在这时，她却因为多年来积累的工作压力和生活疲劳，产生了懈怠心理，一时冲动，在2013年初接受了一家出版社的邀请，担任主编一职，但仅仅半年，她就为自己的好奇心和冲动付出了代价，最后只能遗憾地离开了出版社。此时已过而立之年的她才终于发现,自己还是最适合在销售公司工作,辉宏公司的企业文化和工作氛围都非常适合自己。更重要的是,在辉宏公司里,大家都遵循一些默认的理念、思维方式和行事方法,这使得工作中与各部门人员之间的沟通成本相对较低,与同事间的合作也更为顺畅。经过深思熟虑之后,她带着自己的职场感悟以及新的市场拓展方案,给辉宏公司发去了求职信,应聘市场部经理一职。她相信,没有人比自己更胜任这一职务,也更坚定了要与辉宏公司共同发展的决心。

徐娜历经10年的波折终于找到了适合自己的职业,而她在这10年工作中的经历和选择,其实就是其在职业生涯发展中对职业目标不断进行分解和组合的一个往复上升的过程,也是自身条件和社会环境不断作用的结果,请大家详细分析一下徐娜是如何进行职业生涯目标的分解和组合的?在职业生涯目标实现的过程中,徐娜遇到了哪些困难和干扰,她是如何应对和解决的?

05 项目五
职业生涯决策

> 在本项目,你需要对职业决策的含义、职业决策方法以及职业决策风格有所了悟。通过这一项目的学习,你要确定以下几个方面:
> 1. 你是否掌握了职业决策的方法,并能运用SWOT分析、CASVE循环法、职业生涯平衡单法及PIC模型进行职业决策?
> 2. 你是否了解自己的职业决策风格?能否选择自己的职业发展路径,并制定有效的计划。
> 3. 你将怎样选择职业发展路径,如何制定计划并有效管理自己的时间?

任务1
职业生涯决策方法

第一部分　任务学习引导

在这个竞争十分激烈的时代,我们每个人都需要具备找到和维持一个好的工作机会的能力。现如今,人们换工作、换老板甚至换职业的频率比20世纪还要高很多。很多人可能会在他们职业生涯的前十年中换5~8次工作,甚至从此迷失自己。职业生涯决策绝非一个即时的职业选择结果,而是一个非常复杂的职业决策过程。其包括了初步确定可能的职业生涯道路,搜索职业生涯信息,比较各种可能选择的职业生涯道路,到最终选择一条适合自己的职业生涯道路的决策过程。这一决策受个人的人格特征、职业兴趣、价值观以及教育背景、职业信息获取途径、独立程度、人际关系和家庭背景的影响。怎样做出一个较为明智的职业生涯决策,就需要了解职业决策方法。

人生中有很多决策,尤其是职业生涯,可以运用一些方法进行分析,使决策更为理性科学。

一、SWOT 分析法

(一) SWOT 分析法概述

SWOT 分析法来源于战略管理领域,是将企业内部环境的优势(S)与劣势(W)、外部环境的机会(O)与威胁(T),同列在一张表格中加以对照,以便在对比内外环境条件的相互联系中作出更深入分析评价的方法。通常人们用 SWOT 分析法分析企业的内外环境,同时,我们可以借用 SWOT 分析法进行个人的职业生涯决策。SWOT 分析法应用于职业生涯决策的过程中就是基于对个体自身的优势和劣势进行分析,同时对个体所追求的职业环境因素和各种可供选择职业的前景进行分析,最后综合自身优势和劣势,认清周围的职业环境和前景从而做出正确的职业目标选择。

在运用 SWOT 分析法进行个人的职业生涯决策时,可从多个角度来确定自身的"优势与劣势、机会与威胁"。例如,目前最常使用的关键提问法,即在安静的环境中对自己提问,自我反省。如表 5-1 所示。

表 5-1 职业生涯决策 SWOT 分析表

	优 势 (个体可控且可利用的内在积极因素)	劣 势 (个体可控且可以改善的内在消极因素)
内部因素	你曾经的工作经历	你性格弱点是什么
	你的专业是什么	你曾经的经历中所欠缺的是什么
	你的特长是什么	你的专业功底是否扎实与你的职业或者所向往的职业匹配
	你在专业领域曾有什么成果	你是否存在着负面的人格特征(缺乏自律、畏难情绪、人际交往能力缺失)
	有在专业组织中的影响力吗	
	你的人格特质(自我约束、创造性)	

(续 表)

	机 会 (个体不可控但可利用的外部积极因素)	威 胁 (个体不可控但可使其弱化的外部消极因素)
外部因素	社会大环境的有利因素	技术变革和社会环境的变化对我的潜在威胁
	有接受再教育的机会	同专业领域的其他同事和我的竞争激烈
	人际关系的有利因素	就业机会减少
	就业机会的增加	组织中有丰富技能、经验、知识的竞争者
	适合自己的专业领域急需人才	缺少培训学习造成的职业发展障碍
	专业领域存在着晋升机会	专业领域发展有限
	专业发展带来机会	组织中来了名校背景的竞争者
	由于提高自我认识,设置更多的具体工作目标带来的机遇	工作晋升机会十分有限

从上表可以看出,若想做好职业决策,需要我们不断学习并关注自己的专业发展。通过反思,在明确自身的优势、劣势及外在的威胁和机会之后,就可以根据这些信息确定个体的职业发展道路。

(二) SWOT 分析法实例

张晓敏,男,安徽师范大学研究生,心理学专业。在校期间专业成绩优秀,曾多次获得奖学金,发表专业论文若干,担任过学生干部。

但其性格急躁,容易冲动。

工作经历:在某大型电子企业人力资源部工作(实习)半年。

求职意向:希望谋求一份人力资源管理的工作。

运用 SWOT 法,自我提问和反思,如表 5-2 所示。

表 5-2 张晓敏的职业生涯决策 SWOT 分析实例 1

	优 势 (个体可控且可利用的内在积极因素)	劣 势 (个体可控且可以改善的内在消极因素)
内部因素	1. 具有硕士学位	1. 是师范学校毕业
	2. 有学生干部的工作经历	2. 缺乏丰富的工作阅历
	3. 有半年在大型企业的实习经历	3. 比起人力资源管理的毕业生,专业不对口
	4. 具有心理学的知识背景	

(续 表)

	机 会 (个体不可控但可利用的外部积极因素)	威 胁 (个体不可控但可使其弱化的外部消极因素)
外部因素	1. 人力资源管理逐渐受到人们的认可，受到企业的重视 2. 全球化的加剧，人力资源管理专业人才需求量增加 3. 心理学的学习对人力资源管理工作有促进作用	1. 人力资源管理方向的毕业生是强劲的竞争对手 2. MBA 的兴起，产生了很多同时具有人力资源管理理论知识和工作实践经验的毕业生 3. 我国人力资源管理工作处于起步阶段，运作不规范 4. 比起学历，很多企业更看重工作经验

进一步分析如表 5-3 所示。

表 5-3　张晓敏的职业生涯决策 SWOT 分析实例 2

优势与机会	优势与威胁
1. 学习心理学知识，将心理学知识运用到人力资源管理中，更适合人力资源管理工作	1. 有着心理学背景优势，但缺乏人力资源管理专业背景
2. 在校期间担任过学生会干部，有一定的管理经验	2. 只有半年大公司实习经验
	3. 有较强的学习能力和适应能力
劣势与机会	劣势与威胁
1. 缺乏人力资源管理的专业知识，但有较强的学习能力，可以不断学习弥补自身专业知识的不足	1. 个性冲动必须克制
2. 我国人力资源管理处于起步阶段，各大公司运作不完善，缺乏的专业知识可以在工作期间弥补	2. 结合两个不同的专业，培养宽阔的视野和专业素养

自我提问反思后，觉得人力资源管理工作适合自己，并考虑往人力资源管理方向发展。

二、CASVE 循环法

我们在进行职业生涯决策时，除了 SWOT 分析法外，还有 CASVE 循环法可以帮助我们进行职业生涯决策。Peterson 等人认为职业决策过程包括交流问题、分析信息或数据、综合数据、产生选项，利用优先考虑选项来评价信息，通过采取各种行动来执行计划。在决策技巧领域中使用的信息是自我知识和职业知识。他们提出了五个职业决策技巧：交流、分析、综合、评价和执行，在决策过程中被循环使用。CASVE 就是这五个词的英文单词首字母。CASVE 循环可以为我们在进行职业生涯决策的过程中提供指导。这一循环如图 5-1 所示。

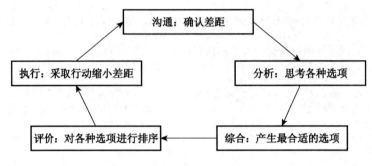

图 5-1 CASVE 循环的五个阶段

1. 沟通

沟通包括内部和外部的信息交流,通过交流使个体意识到理想和现实之间存在着差距。因此,当我们个体接触到各种关于职业和自我特征的内部与外部信息以后,沟通随即开始。我们首先检查自己和周围环境存在的问题,包括理想与现实存在的差距,进行情绪、身体等方面自身的内部沟通及与他人的外部沟通,并意识到需要自身做决策,而且需要做出一个好决策。简言之,就是弄清楚为什么要找工作的问题。

2. 分析

在交流沟通之后,我们将通过思考、观察和研究分析问题出现的原因,包括检查自我知识和职业知识以及各种环境知识进行分析,并将各种知识联系起来,从而更好的理解现存状态和理想状态之间的差距。

澄清自我知识主要是让自己进行认真思考,明确如表 5-4 中的几个问题。

表 5-4 澄清自我知识反思要点表

序号	澄清自我知识需明确的问题	简要回答
1	我的兴趣在哪里?	
2	我擅长什么?	
3	我为人做事有什么特点?	
4	我想要的是什么?	
5	我从过去的学习和工作经历中学到了什么?	

澄清职业知识主要是明确我对职业所了解的几个方面,如表 5-5 所示。

表 5-5　澄清职业知识反思要点表

序号	我对职业所了解的几个方面	简要回答
1	工作内容	
2	目前的薪水和福利(对比同行业)	
3	入职必备的教育背景要求	
4	我想要的职业前景	
5	相应的生活方式	

在这个阶段,我们也会考虑职业决策方法,理解积极与消极的想法,这都可能影响我们的职业决策。

3．综合

综合是一个先扩大细化再缩小具体化的过程,二者缺一不可,即在信息分析阶段基础上把选择范围扩展开来逐步综合缩小,最终确定 3 至 5 个最可能的选项。即：

先扩大细化——识别各种可能的选项,也就是识别各种可供自己选择的职业；

再缩小具体化——在扩大细化的基础上,缩小潜在的选项,选出 3 至 5 项比较符合自我特征的职业。

4．评价

为消除沟通阶段识别出的差距,我们将对综合阶段选出的 3 至 5 项比较符合自我特征的职业方向逐一评估或评价。评价过程需要我们从如下方面对每种选择进行代价和收益的判断或权衡,即我们获得该职业的可能性,以及未来若从事这种职业可能带给自己、家人诸多方面的影响,包括正面影响及负面影响。

职业选择所带来的收益与代价,如表 5-6 所示。

表 5-6　职业选择评价表

考虑的维度	带来的影响	
	代价	收益
个体自身		
重要的他人		
文化群体		
社区及整个社会		

在认真分析预测的基础上进行全面的、恰当的评价,做出暂定的第一选择和第二选择,制定决策。

5. 执行

我们需要针对评价阶段做出的第一项和第二项职业选择,制订计划或策略来执行该选择,让职业选择变为现实。

然而,CASVE 过程到此并没有结束,因为在按照计划执行选择的过程中,我们可能遇到问题或产生预想不到的结果。那么,我们将重新回到 CASVE 循环的起始阶段——沟通,检查已有的尝试性经验,开始新的循环过程。

该方法告诉我们,在职业决策中个体如何收集相关信息、如何处理信息、如何在众多可选择职业中作出选择以及我们如何对整个职业决策过程进行监督和控制,并且关注情绪对职业决策的影响。

三、职业决策平衡单法

(一)职业决策平衡单法概述

职业决策平衡单是确定职业生涯目标的有效方法之一,通过职业生涯平衡单,能够帮助我们分析每一个职业方案的可能性,将自己作出选择时需要考虑的项目列举出来,再用加权法分析权衡各种职业方案的利弊,从而选出最优方案,如表5-7所示。

表 5-7 职业决策平衡单

职业决策考虑要素	重要性权数 (1~5)	第一职业方案		第二职业方案		第三职业方案	
		得+	失−	得+	失−	得+	失−
工作稳定性							
工作强度							
收入水平							
重要他人的态度							
未来发展空间							
健康程度							
适合自己的能力							
符合自己的理想生活状态							
加权后合计							
结论							

(二)职业决策平衡单实例

例 王莉的"职业决策平衡单"

王莉的基本情况:王莉,女,21岁,普通本科,大学三年级,会计学专业。希望有个较为稳定且有一定工作前景的工作。性格外向、活泼、工作有一定的自主性。父亲是医生,母亲是教师,父母对女儿的职业规划较传统。目前她选择的三大方向是:考公务员、考编制、读研究生。

王莉的考虑因素,如表5-8所示。

表5-8 王莉的职业决策平衡方格单

考虑方向	考公务员	考编制	读研究生
优点	1. 工作稳定; 2. 相对轻松; 3. 工作压力小; 4. 是所谓的"铁饭碗"	1. 事业单位,相对企业工作稳定; 2. 相对企业较轻松; 3. 可以凭自己的能力评职称晋级; 4. 专业可能会对口	1. 能学习更多的理论知识; 2. 日后工作晋升空间大; 3. 毕业后学历较高; 4. 能建立更好的人际关系网
缺点	1. 收入不高; 2. 晋升空间不大; 3. 专业无法对口; 4. 工作氛围较压抑; 5. 处理事情存在着论资排辈的心理; 6. 容易职业倦怠; 7. 会有加班	1. 收入不高; 2. 专业可能不对口; 3. 容易产生职业倦怠; 4. 同事间有一定的竞争压力; 5. 会有加班; 6. 岗位分工不明确,存在着"能者多劳"的现象; 7. 部分单位可能随着社会发展而不存在	1. 学业重,并有科研压力; 2. 没有收入; 3. 毕业后年龄在25岁,属于生育年龄,就业难度大
其他	长辈们很支持	长辈们较支持	父母不反对,家庭也有一定的经济基础

王莉的职业决策平衡单,如表5-9所示。

表5-9 王莉的职业决策平衡单

职业决策考虑要素	重要性权数(1~5)	第一职业方案(公务员)		第二职业方案(考编制)		第三职业方案(读研)	
		得+	失-	得+	失-	得+	失-
工作稳定性	5	5		4			1
工作强度	3	2		3			2

(续 表)

职业决策考虑要素	重要性权数(1~5)	第一职业方案(公务员)		第二职业方案(考编制)		第三职业方案(读研)	
		得+	失-	得+	失-	得+	失-
收入水平	3		2	1			3
重要他人的态度	4	5		4		1	
未来发展空间	3		1	1		3	
健康程度	2	3		1		2	
适合自己的能力	3	3		3		3	
符合自己的理想生活状态	2	2		2		3	

王莉加权后的职业决策平衡单,如表5-10所示:

表5-10 王莉加权后的职业决策平衡单

职业决策考虑要素	重要性权数(1~5)	第一职业方案(公务员)		第二职业方案(考编制)		第三职业方案(读研)	
		得+	失-	得+	失-	得+	失-
工作稳定性	5	25		20			5
工作强度	3	6		9			6
收入水平	3		6	3			9
重要他人的态度	4	20		16		4	
未来发展空间	3		3	3		9	
健康程度	2	6		2		4	
适合自己的能力	3	9		9		9	
符合自己的理想生活状态	2	4		4		6	
加权后合计		61		66		12	
结论	考编制最适合,其次考公务员						

四、PIC模型

(一) PIC模型的概念

PIC模型,是英文单词prescreening、in-depth exploration and choice的缩写,20世纪80年代末期(Gati,1986,1989)最初提出这一说法。后来Gati等人对这一模型进行了矫正和修改,最终形成完善的PIC模型(Gaff & Asher,2001)。

PIC模型中涉及7个基本概念:

1. 职业的相关方面

它是指可用来使个体或其可选择的职业具有某些特点的相关变量。如：收入、培训时间的长短、对社会的贡献、室内或室外工作、职业的趣味性、工作对个体而言的难易程度、个体能力是否匹配等。

2. 可选职业的核心方面

可选职业的核心方面是指对区分一项职业的本质特征非常重要的某些方面。确定可选职业的核心方面非常重要。

3. 方面对个体的相对重要性

它是指在筛选或比较可选职业时，人的认知局限性和获取信息的不对称等（例如，时间、金钱、家庭环境等因素）不允许他们考虑与职业相关的所有方面。因此，在既定的情形下，有必要寻找一些对个体最重要的方面。为了避免不现实的选择，选择相关方面时必须考虑生理或外部局限（例如：身体情况、配偶的工作所在地、家庭条件等因素）。

4. 方面内水平

它可描述为职业的每一方面内的变化都可被分成大量不同的质或量的水平（例如，"声望"：非常高的声望、一般以上、一般、低于一般和低声望）。由于职业内部的不同，多数职业都有不止一个水平。

5. 方面内偏好

它可分为三种水平：第一种为最佳，第二种为可以接受，最后为不能接受。可接受水平的范围包括最佳和可以接受的水平。

6. 有结构和无结构信息

它是指根据信息的组织形式，将信息划分为两种形式。在职业数据库中，有结构的信息指按领域组织起来的、分类的、数量化的信息。无结构信息指"软"数据，这些数据没有明确限定的方面内水平（如职业的语言描述）。无结构信息一般来说是主观的，即可能是有偏见的，并高度依赖于对信息的知觉。

7. 敏感性分析

它是指考察输入到决策过程中的信息的某些变化对输入结果的影响。如果输入中发生的改变造成了不同的结果，就认为这个决策对改变是敏感的。敏感性暗含着检查重要信息的效度是非常重要的，而不敏感增加了个体在决策中的信心。敏感性分析出现在决策过程的每个阶段末期。

（二）PIC 模型的三个阶段

Gaff 等人认为（2001），职业生涯决策过程的本质是找到与个体的偏好和能力最兼容的可选职业。在多数情况下，广泛尝试所有潜在的可选职业是不实用的。所以，他们把职业生涯决策过程划分为具有不同目标、过程和结果的三个主要

阶段:

第一阶段,预先筛选阶段。在个体偏好基础上,利用有组织的搜索预先筛选潜在的可选职业,从而把可以管理的有希望的被选职业范围缩小。预先筛选阶段的目的是减少选择数量,使选中的职业在下面的阶段中值得关注。预先筛选过程采用的是序列消除策略,见图 5-2。其基本观点是,通过排除那些与个体偏好不兼容的职业来确定一组有希望的可选职业。如图 5-3 所示,预先

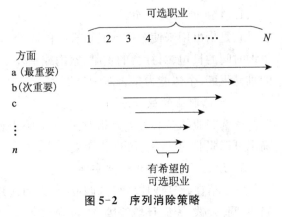

图 5-2　序列消除策略

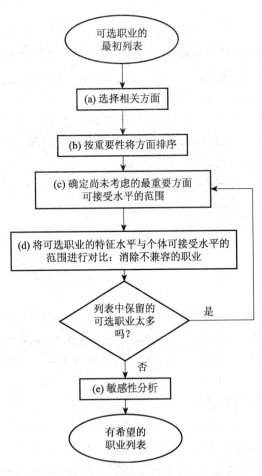

图 5-3　预先筛选阶段的五个步骤

筛选阶段可分为五个步骤：

第一步，选择搜索中将使用的相关方面。在偏好某个职业的相关方面（例如：工作环境）的基础上个体搜索有希望的职业。由于认知和获取信息的限制，考虑所有可能的方面是不现实的。这一步很关键，因为在搜索末尾发现的与个体偏好兼容的一组职业，取决于搜索中所使用的一系列的相关方面。

第二步，按重要性将方面排序。当剩下的可选职业的数量减少到一个较小的数量时，假设序列消除将停止。

第三步，确定更重要方面的可接受水平的范围。对序列搜索过程中所考虑的每个方面来说，首先通过选择被认为是最佳的水平引出个体的偏好；然后，选择额外的但仍可接受的水平。例如，个体可能认为"只在室内工作"是最佳的工作环境，但是他或她可能愿意在兼顾其他因素（如，室外工作享受相应的补贴等）的前提下对"室内室外的工作时间相等"做出让步。

第四步，将可选职业的特征水平与个体可接受水平的范围进行对比，使用具有某些特点的可选职业的水平范围代替单个的代表性水平，防止在某些情况下排除一些职业，即职业的单一的、最典型的水平与个体的偏好不匹配。

第五步，敏感性分析，即检查结果对偏好中可能发生的变化的敏感性。这一步包括重新检查预先筛选阶段的输入及结果。更具体地说，在确定了一小组有希望的可选职业以后，为了减少错过有可能合适的职业，重新检查上述步骤及结果是可取的。

第二阶段，深度探索阶段。深度探索有希望的可选职业，包括检查实现这些职业的可能性，产生一些适合的职业。该阶段目标是确定一些职业，它们不仅是有希望的，而且是适合个体的。深度探索阶段的渴望结果是一列适合自己的职业。这一阶段个体收集关于可选职业的一些额外的、主要是无结构信息，作为对预先筛选过程中所考虑信息的补充。

第三阶段，职业选择阶段。即在评估和对比所有适合职业的基础上，选择最适合的职业。这一阶段要求个体将深度探索阶段后产生的职业进行对比并权衡它们的利弊，选出最适合的一个职业。但在职业选择阶段中，往往存在着不确定性。如，一个最适合的职业由于应聘人数太多或其他应聘者的资格较高，可能得不到该职业，也就是职业不能实现。这时个体就需要选择额外的适合职业。不论个体选择了最适合的职业，还是比较适合的职业，完成选择阶段就结束了系统化的职业生涯决策过程。如果个体对自己的选择不满意或没有信心，那么就需要再思考整个决策过程，直到确信做出了正确的选择，选出了最合适的职业。

第二部分 学生活动

活动1 我的SWOT分析

利用我们学得职业决策方法——SWOT分析法,模仿任务学习引导SWOT分析法实例,进行自身优势、劣势分析及外部职业环境的机会、威胁分析,并在分析结果的基础上制定出各种相关策略。

活动2 CASVE循环决策制定

五个职业决策技巧即交流、分析、综合、评价和执行的循环使用构成了CASVE循环决策。这五个技巧有助于个体作出更好的职业决策。

请运用CASVE循环法来分析你的职业生涯决策,并按如下步骤真实记录

1. 沟通

沟通内容:_____

_____

确认差距:_____

_____

2. 分析

澄清自我知识,回答以下几个问题:

(1) 我想要什么?

_____

(2) 我的兴趣在哪里?

_____

(3) 我擅长什么?

_____

(4) 我为人做事有什么特点?

_____

(5) 我从过去的经历和各种测验中学到了什么?

_____

澄清职业知识明确一个问题,我对职业有哪些了解?

(1) 我的工作内容?

_____

(2) 我的目前的薪水和福利较之同行业如何?

(3) 我所授的教育能跟上时代发展的脚步吗?

(4) 我的职业前景如何?

(5) 我的生活方式能适应职业发展的要求吗?

3. 综合
(1) 先扩大细化——识别各种可能的选项,也就是识别各种可供自己选择的职业;

(2) 再缩小具体化——在扩大细化的基础上,缩小潜在的选项,选出3至5项比较符合自我特征的职业。

4. 评价
为消除沟通阶段识别出的差距,我们将对综合阶段选出的3至5项比较符合自我特征的职业方向逐一评估或评价。评价过程需要我们从如下方面对每种选择进行代价和收益的判断或权衡,即我们获得该职业的可能性,以及未来若从事这种职业可能带给自己、家人诸多方面的影响,包括正面影响及负面影响。

选项1 职业名称:_____的评价结果
(1) 该职业选择带给个体自身的代价和收益:

(2) 该职业选择带给重要他人的代价和收益:

(3) 该职业选择带给文化群体的代价和收益:

(4) 该职业选择带给社区及整个社会的代价和收益:

选项2　职业名称：＿＿＿＿＿＿＿＿＿＿的评价结果

（1）该职业选择带给个体自身的代价和收益：

_____

_____

（2）该职业选择带给重要他人的代价和收益：

_____

_____

（3）该职业选择带给文化群体的代价和收益：

_____

_____

（4）该职业选择带给社区及整个社会的代价和收益：

_____

_____

5. 执行

执行：我们需要针对评价阶段做出的第一项和第二项职业选择，制定计划或策略来执行该选择，让职业选择变为现实。

行动策略：职业名称：＿＿＿＿＿＿＿＿＿＿＿＿＿

_____

_____

_____

活动3 我的职业决策平衡单

职业决策平衡单是确定职业生涯目标的有效方法之一，通过职业生涯平衡单，能够帮助我们分析每一个职业方案的可能性，将自己作出选择时需要考虑的项目列举出来，再用加权法分析权衡各种职业方案的利弊，从而选出最优方案。请认真思考，模仿任务学习引导职业决策平衡单法实例客观制作自己的职业决策平衡单。

活动4 运用 PIC 模型的职业决策

（1）我可选择的职业：

_____

_____

（2）选择的相关方面：

_____

_____

(3) 按重要性把"选择的相关方面"排序：
_____

(4) 确定尚未考虑的最重要方面（在可接受水平的范围内）：
_____

(5) 将可选职业的特征水平与个体可接受水平的范围进行对比,消除不兼容职业：
_____

(6) 消除不兼容职业后保留的职业进行敏感性分析（此时,如保留的职业太多可重复4重新确定尚未考虑的重要方面）：
_____
_____

(7) 得到有希望的职业列表：
_____

(8) 深度思索检查实现有希望的职业列表中的可能性,产生一些适合的职业：
_____

(9) 评估上面的职业,做出最适合自己的职业选择：
_____

此时,不论您选择了最适合的职业,还是较适合的职业,完成了如上几个步骤,您的职业生涯决策过程就结束了。如果您此时对自己的选择尚未满意或信心不足,那么就需要再思考整个职业决策过程,直到您已经确信做出了最适合自己的选择！

任务2 ☞
职业决策风格

第一部分　任务学习引导

一、职业决策风格的含义

生活中,我们常常会面临选择,而不同的人在作决定时表现出的反应方式不同。有的人一贯反应迅速,毫不犹豫地做出决定;有的人则常常犹豫不决,瞻前顾后,总是迟迟给不出他的选择结果;有的人喜欢随波逐流,依据大多数人的倾向性作出选择;有的人则会冷静思考,充分分析,权衡利弊后,独立做出决定。职业决策的一个很重要的特征是,不同的个体做决策的方式会有差异,而这一差异体现了人们一贯的处事反应及决策制定行为模式。

关于职业决策风格的含义,众说风云。Harren 认为职业决策风格是一种稳定的人格特质,它反映的是个体在做决策时所表现出的特定行为模式。

本教材认为,所谓职业决策风格是人们面临职业决策时表现出的不同反应方式,它虽不涉及决策内容和目的,但对决策效果和效率有明显影响。个人会因生物、心理、社会及环境等因素的交互影响,产生一种价值观、信仰及需求,进而形成一贯的处事反应及决策制定行为模式。而不同的决策风格在信息的需求、信息的处理、解决问题的态度及思考与行动的偏好上都存在差异,决策者制定决策会受到他们的决策风格的影响。

二、确定职业风格的类型

职业生涯决策风格主要分为以下三种类型。

1. 冒险型

这类人愿意冒险,只要能带来巨额的利润,他们对自己的能力一贯持乐观态度,无论可能出现怎样不利情况。即使犯错误,他们也很少后悔,而是把错误当做一份经验,帮助他们在以后的决策中避免犯类似的错误。

这种决策风格的人最善于在两种难分上下的行动方案中决策,因为冒险风格的人更多关注行动方案成功的可能性,而对其负面后果视而不见。这种决策风格的弱点在于,巨大的收益常常伴随着巨大的损失,冒险风格的人随时都有破产的可能。

2. 谨慎型

这类人时刻注意到事情可能变坏的趋向,并且选择能够避免导致毁灭性结局的决策。这种决策风格的主要特征是使损失的危险降到最小。这些人比较适合于从事具有重大损失可能的高度冒险性工作,如股票、房地产等。

谨慎决策不仅安全,而且可以带来虽然不巨大但很稳定的收益。谨慎风格的人不可能从事设计一项庞大的工程或经营巨款。因为他们不愿意冒险,不受潜在奖励的诱惑,对投机性很大的计划不感兴趣。这种风格的弱点在于,有些良机很容易被错过,而且在力图使损失减到最小时,可能忽视了潜在的收益。

3. 防御型

这种决策风格的人在做决策时,主要考虑的是,不让自己以后感到后悔,他们既力求把损失降到最小,又力求不使自己坐失良机。在没有足够信息确保正确的决策时,防御型人可以作出最佳选择。因为一种折中的决策常常是最安全和最成功的。因为倘若这种决策是错误的,那么收益仍然可以得到。

应当指出的是,这三种决策风格各有利弊,只有把决策风格与情境需要统一起来,才能选择正确的行动方案,把握住最好的行动机会。

请回想迄今为止在你人生中你所做出的三个重大决定,例如,高考后对专业的选择、你的第一份工作的抉择、当你的工作和你的专业或爱好不一致时你的抉择等,并客观描述以下几方面内容:

(1) 你的目标或当时的情境;
(2) 你是如何作出决策的(你的动机和影响因素);
(3) 你对自己选择结果的评价。

通过以上回答判断自己在上述三个事件中的决策风格,并分析是否有共同之处。

第二部分 学 生 活 动

活动1 决策能力训练

职业决策能力不是天生的,我们可以通过后天的学习和经验积累而提高我们的职业决策能力。在日常工作和生活中,我们要有意识有目的的培养和提高自己的决策能力,才有可能在今后的职业决策中做出适合自己的正确决策。我们可以通过以下五方面来训练和提高自己。

(1) 在日常工作中多争取自主选择的机会,在决策前注意权衡利弊,方案实施后对所做出的决策进行反思。如,平时工作中遇到可以独立承担的项目积极主动的设计实施方案,方案实施前后,多和领导与有经验的同事商量沟通。

(2) 主动承担自主决策的责任。在职场中,责、权、利往往是对等的,对于初入职场的人来说,责往往是大于权和利的,我们应当在职业生涯的初期多做积累,勇于面对所做决策的结果和影响,即使是负面后果也不可推卸责任,及时总结经验和教训,促进决策行为的改进。

(3) 学会获取足够的决策资源。如有较为畅通的获得信息的渠道,能够有几个同行业重要的他人可以给予你大量的支持和帮助等。

(4) 不断进行决策实践,在实践中尽可能独立思考。独立决策对于初入职场或者处于基层岗位的人员来说机会较少,但在面对决策机会时,即使我们是执行者而非决策者,我们依然可以思考"如果我是决策者,我会怎么做"并把自己的思考结果和他人做出的决策进行对比、反思,若有疑惑也可以大胆地提出自己的观点和建议,在实践活动中思考检验自己所做决策的结果并和他们做出的决策结果进行对比和分析,评价所做决策的优劣,在实践中学会冷静思考复杂问题,从而提升自己的决策能力。

(5) 创造横向沟通交流的机会,与朋友和家人分享决策经验。

职业决策能力训练的目的是培训独立性,养成主动思考、判断和反思的习惯,学会倾听和采纳他人的意见建议,冷静的思考解决复杂问题。

活动 2　确定我的决策风格

决策风格还可以分为直觉型、感知型、思考型和感情型。

通过完成决策风格问卷并计算得分,对照结果分析来确定你的决策风格。

测试内容:

一、选出与你平时的感觉或活动最接近的答案

(1) 我更重视(　　)。

　　A. 人们的感觉　　　　　　　　B. 人们的权利

(2) 我常常和(　　)合得来。

　　A. 富于想象力的人　　　　　　B. 现实的人

(3) 我更乐于被别人称为(　　)。

　　A. 真情实感的人　　　　　　　B. 一贯理性的人

(4) 和别人共同做事的时候,对我最具吸引力的是(　　)。

　　A. 按照被人接受的方式活动　　B. 自己发明一种新方法活动

(5) 最令人烦恼的是(　　)。

　　A. 别出心裁的理论　　　　　　B. 那些不喜欢理论的人

(6) 把某人称为(　　),是对他更高的赞扬。

　　A. 有想象力的人　　　　　　　B. 按部就班的人

(7) 我常常让(　　)。

　　A. 我的心统领我的脑　　　　　B. 我的脑袋统领我的心

(8) 我认为更糟糕的错误是(　　)。

　　A. 表现出过度的关怀　　　　　B. 缺乏同情心

(9) 如果我是教师,我宁可教(　　)。

　　A. 理论性课程　　　　　　　　B. 事实性课程

二、下面每组词中哪个更合你的意？请选出答案。

(10) A. 同情　　　　　　　　B. 远见
(11) A. 公正　　　　　　　　B. 仁慈
(12) A. 生产　　　　　　　　B. 设计
(13) A. 谦和　　　　　　　　B. 坚定
(14) A. 随和的　　　　　　　B. 挑剔的
(15) A. 文字的　　　　　　　B. 图形的
(16) A. 想象的　　　　　　　B. 实事求是的

计分方法及结果分析

在下列量表中写出你的每一个反应,然后利用赋分栏汇总你的得分。

例如,如果你对第一个问题的答案是 A,那么你的得分就是感情栏 1A 对应的分值 0 分。把每一栏的得分加起来后,就是你在每个因素上的实际得分。对得分情况的说明就找下面。

感知型	得分	直觉型	得分	思考型	得分	感情型	得分
2B	1	2A	2	1B	1	1A	0
4A	1	4B	1	3B	2	3A	1
5A	1	5B	1	7B	1	7A	1
6B	1	6A	0	8A	0	8B	1
9B	2	9A	2	10B	2	10A	1
12A	1	12B	0	11A	2	11B	1
15A	1	15B	1	13B	1	13A	1
16B	2	16A	0	14B	0	14A	1
最高分	10	最高分	7	最高分	9	最高分	7

如果你的直觉型得分大于等于感知型,则定为直觉型;若感知型得分大于直觉型,则定为感知型;若情感型得分大于思考型定为情感型;若思考型得分大于情感型则定为思考型。

直觉型得分较高说明你以一种整体的眼光看待这个世界,较富有创造力;感知型得分较高说明你比较现实,用事实来看待世界;感情型得分较高意味着你的决策多半是基于感情因素;思考型得分较高表明你具有很强的逻辑思维能力,决策建立在缜密的分析基础上。

任务 3
行动计划

第一部分　任务学习引导

一、制定行动计划的重要性

在确定了职业生涯目标后,行动便成了关键环节。若没有达成目标的行动,没有落实目标的具体措施,那么目标就难以实现,也就谈不上事业的成功。为达成目标,在工作方面,我们要计划采取什么措施,提高我们自身的工作效率;在业务素质方面,我们计划学习哪些知识、掌握哪些技能、提高我们自身的业务能力;在潜能开发方面,采取什么措施开发自己的潜能等等,这都需要有具体的计划与明确的措施。

行动计划是为实现职业生涯目标而制定的行动计划,它像一座桥梁,把我们现在的状况和要达成的职业生涯目标有效地连接起来。没有切实可行的行动计划,实现目标将会是一句空话。计划对于人生来说相当重要,如果没有科学合理的行动计划,那么注定会在执行上失败。没有计划的人生将是杂乱无章、碌碌无为的。如果我们在制定行动计划时对实现职业生涯目标过程中将要面临的困难和挑战进行了较为全面的分析和预测,以及在对未来可能发生的变化进行了预期的基础上,制定出行动方案,那么一旦未来发生变化,我们就会有充分心理准备从而从容应对。

二、制定行动计划的方法

我们在确定了职业生涯目标后,根据自身特点可以将目标分解为:近期目标、中期目标、长期目标。为了落实目标要采取训练、教育、轮岗、工作等方面的具体措施。这些行动如何分步实施就要制定行动计划,包括短期计划和长期计划。因为长期计划的实现有众多不确定因素。因此我们要根据自身实际情况和社会发展趋势,不断地设定新的可操作的短期目标。

首先,要认真分析职业目标要素,围绕特定时期的职业生涯目标寻找自身条件与职业目标必备条件之间的差距,提高与理想职业相匹配的能力,制定行动计划并严格执行。计划内容可包括:如何提高综合能力、如何改变不良习惯、如何培养特长、如何完善人格、如何改正缺点、如何提高成绩、如何弥补差距等。制订行动计划的步骤如下:

明确职业生涯目标——→分解职业生涯目标——→细化任务——→限制时间——→追踪任务——→实施行动——→调整计划。

根据自身情况制定行动计划,要考虑周全,可通过采纳他人建议,尤其是有经验的人的建议,使行动计划更加具有可操作性和针对性。将计划用表格形式逐一列出,制定好的计划一定要想办法落实。应经常对照计划和自己的目标,检查落实情况,促进行动的执行。实现目标过程中有多种可变因素,因此计划应有弹性,以增加其适应性。

为了更好地完成职业生涯目标,我们应将提升自身的能力作为制定行动计划的主体内容。专业能力、情绪管理能力、人际交往能力、团队合作能力、行动能力等就是职业能力中的关键能力。我们特别需要有意识地培养和提高这些能力,如表5-11所示。

表5-11 有待培养和提高的能力

有待培养和提高的能力	需从以下几方面努力和培养
发展专业能力	增进专业基础知识
	提升专业实践技能
	培养解决专业问题的能力
培养情绪管理能力	敏锐觉察自己的情绪状态
	妥善控制自己的负面情绪
	积极营造良好的情绪氛围
提高人际交往能力	及时准确地觉察他人情绪
	把握人际沟通的目的、时机、对象和方法
	参与组织和团队合作
发展行动能力	培养立即行动的习惯
	培养行动的坚韧性

如果在我们制定的行动计划中,把以上这些职业能力提升的措施真正落到实处,我们的行动就达到事半功倍的效果,我们离实现自己的职业目标的愿望就越来越近了。

三、制订计划的原则

制定个人行动计划需要遵循以下五个基本原则。

1. 明确自身现状,自我评价实事求是

准确的自我认识和自我评价,明确自身现实状况,是制订个人行动计划的前提。

认真分析职业目标要素,围绕特定阶段的职业生涯目标寻找自身条件与职业目标必备条件之间的差距,提高与理想职业相匹配的能力。对自己要有清醒的认识,如:

(1) 自己的知识、技能水平及工作适应性与职业生涯目标的差距;

(2) 个人特质,主要是素质、性格、爱好、兴趣和专长与职业生涯目标的吻合程度;

(3) 自身优点、缺点及与职业目标不相适应的不良习惯等,准确的自我认识和评估显然是制定个人行动计划的基础。

2. 个人行动计划切实可行

一方面,制定个人行动计划要达成的职业目标或满足的职业需要,一定要同自己的能力、个人特质及工作适应性相符合;另一方面,制定个人行动计划,一定要考虑到周围客观环境和条件,考虑到可能会面临的困难和挑战。这样目标才有可能实现。

3. 个人职业生涯目标与组织发展目标具有一致性

制定的行动计划所达成的个人职业生涯目标与组织发展目标要保持一致。也就是说个人的行动计划要达成的目标与所工作的单位的发展目标要一致。因为个人是要借助于所在组织的工作实现自身职业需求,若行动计划要达成的目标与组织的发展目标不同甚至相去甚远,那么行动将失去主要的支持力量,自身能力的培养、素质的提高将很难实现,目标也很难顺利达成。所以,个人行动计划制定就必须与组织发展目标相协调,保持一致。为此,个人在制定计划之时,最好积极主动与工作单位领导、有经验的前辈沟通,获得领导和同事的支持与帮助,尽可能达成个人目标与组织目标一致,借助于在组织中的工作而实现自身职业需求,从而使个体事业目标在为组织目标而奋斗的过程中得以实现。

4. 个人行动计划制定有弹性,可根据实际情况予以调整

对于个人来说,整个职业生涯将经历职业生涯准备期、职业生涯早期、职业生涯中期和职业生涯后期等不同阶段。我们应当根据不同阶段的职业任务和个人职业特征,制定不同时期或阶段的个人职业目标、需求及其实现途径。计划一经制定,并非一劳永逸,尚需依据客观实际情况及其变化,不断予以调整,修改和完善,使之可行,且行之有效。

四、制定计划尺度的把握

制定行动计划要把握好尺度,即制定的计划要合理。俗话说:欲速则不达。因此制定行动计划时,对要达成的目标切忌贪高贪快。要保证目标适中,同时也不可过高或过低,并将长期目标和短期目标结合起来,制定的计划要切实可行,通过不断实现短期目标最终实现长远目标。

制定行动计划要把握好尺度,还要做到制定计划要有可调整的灵活空间。人们常说:计划赶不上变化,这告诉我们客观条件的变动性非常大。同样,影响职业

生涯规划的因素也很多,有的变化因素是可预测的,而有的变化因素则难以预测。社会环境的巨大变化和一些不确定因素的存在,会使我们与原来制定制定的计划与职业生涯要达成的目标有所偏差,这时需要对职业生涯目标与计划进行评估和作出适当的调整,以更好地符合自身发展和社会发展的需要。通过对目标与行动计划的不断的评估与反馈,对自己的不断认识,同时对社会的不断认识,才能使行动计划成为更加有效的手段,实现职业生涯目标。

第二部分 学生活动

活动1 我的目标推进表

若想职业目标,我们可以把目标进行分解,形成阶段性目标。为了实现职业目标,我们可以制定一个目标推进表,它可以帮助我们明确在某一阶段我们需要做什么,并能促进我们思考应当怎么做才能完成这些阶段目标。

制定目标推进表可以按照需要完成的工作顺序罗列出实现目标所需要完成的阶段性任务以及完成时间。目标推进表的制定可以帮助我们核对执行状态并适时进行更新调整。

请认真思考,客观制作自己的目标推进表。

我的目标推进表

工作年限		任务描述	到期时间	目标任务状态	成果评估
第一年	任务1				
	任务2				
	任务3				
	任务4				
第二年	任务1				
	任务2				
	任务3				
	任务4				
第三年	任务1				
	任务2				
	任务3				
	任务4				

(续 表)

工作年限		任务描述	到期时间	目标任务状态	成果评估
第一年	任务1				
	任务2				
	任务3				
	任务4				
第五年	任务1				
	任务2				
	任务3				
	任务4				
第…年	任务1				
	任务2				
	任务3				
	任务4				

我的目标推进表（ 　年度）

五年目标	目标要素	目标水平			实际结果			目标与结果分析
		很大提高	有所提高	没有提高	很大提高	有所提高	没有提高	
顺利通过会计师考试	1. 知识							
	××××							
	2. 能力							
	制定、实施计划							
	主动性							
	自信心							
	自控力							
	时间管理能力							
	在学习能力							
	处理工学矛盾的能力							
	抗压能力							

(续 表)

五年目标	目标要素	目标水平			实际结果			目标与结果分析
		很大提高	有所提高	没有提高	很大提高	有所提高	没有提高	
顺利通过会计师考试	人际沟通能力							
	团队合作能力							
	自我管理能力							
	发现并处理问题的能力							

活动 2　我的时间管理表

在策划行动计划时,除了用目标推进表进行长期行动计划的制定以外,还可以对自己的时间进行管理,从而制定短期的计划安排。

曾看过一个故事,有一家银行,每天凌晨都会给你的账户转入 86 400,并于当天夜里 12 时把当天未用尽项目清零。如果这样,你是不是会选择每天把账户全数用完? 我想只要尚存理智,都会如此选择。其实,你可能不会想到,我们每个人每天都有这等好事,这就是时间银行,她每天都会给我们的账户存入 86 400 秒;可也会在每日结束时,把我们虚掷的光阴清零。我们不可结转当然也无法预支! 因此,时间管理,对于职场的每一个人尤为重要。

我们在这样不断变化的环境中,不断地有未知的事务干扰我们的行动。若想顺利地完成我们职业生涯目标,我们必须在有限的时间内完成最重要的事情,因此,时间管理也是决策。我们需要有意识的预估、计划生活中各项事务,以合理、高效的支配和利用时间。

为了有效地进行时间管理,我们常按照事情重要性与紧迫性对事情进行预见性分类。

重要		重要性	
		重要 ←――――――――――――→ 不重要	
紧迫性	紧迫 ↑	重要并且紧迫的事情立即行动	紧迫但不重要速战速决的完成
	↓ 不紧迫	重要但不紧迫的事情在某段时间内投入大量时间精力完成	不紧迫也不重要位于时间表的末端,依情况而定

项目五　职业生涯决策

我们可以在每天清晨正式工作开始前,对当天的事情进行预见性分类,有重点的完成。此外,时间管理还需要秉承劳逸结合的原则,保证自己的休息时间。毕竟工作是为了更好的生活。我们可以根据自身情况,把划分后的事情安排在不同的时间段,安排的时候注意要有弹性,有一定的自由支配时间。重要而紧迫的事情可以安排在自身精力最充沛的时间段去做,以保障完成工作的高效性。

项目六
组织职业生涯规划与管理

> 个人职业变动的整个过程，从表面上看似乎完全是个人的事情，与组织并不相关，实则不然。现代人力资源管理的一个重要理念就是组织不仅要最大限度地调动员工的积极性，提高人力资源利用效益，而且应该为员工提供不断成长以及挖掘个人最大潜力和建立成功职业的机会。因此，员工个人的职业发展也是组织的事情。组织需要积极了解并参与员工的职业生涯规划，制定相应的职业生涯开发和管理政策，促进员工的职业生涯目标与组织的发展目标相统一，使得员工在实现个人职业价值的同时努力促进组织目标的实现。
>
> 通过项目六的学习，你要掌握以下几个方面的内容：
> 1. 组织如何进行员工的职业生涯规划？
> 2. 如何设计组织的职业生涯通道？
> 3. 管理者如何为处于不同职业阶段的员工制定职业生涯规划？

任务 1
组织职业生涯规划流程

第一部分　任务学习引导

一、组织职业生涯规划内涵

（一）组织职业生涯规划的定义

组织职业生涯规划是组织根据自身的发展目标、员工个人情况及所处的社会环境，确定组织职业需求目标与职业发展通道，并采取相应的措施，以实现组织目标与员工职业发展目标相统一的过程。

组织的职业生涯规划和员工个人的职业生涯规划立足点略有不同（见表6-1）。员工职业生涯规划立足于员工获得个人满意或适合的职业，追求自己在收入、安全、人际交往、个人价值等方面需要的满足。组织职业生涯规划则立足于挖掘员工潜力、有效利用人才，使员工符合组织的战略目标需要。

表6-1　组织与员工个人职业生涯规划视角对比

组织职业生涯规划的视角	个人职业生涯规划的视角
◇ 确定组织未来的人员需要	◇ 确定个人的能力与兴趣
◇ 安排职业阶梯	◇ 计划生活和工作目标
◇ 评估每个员工的潜能和培训需求	◇ 评估组织内外可供选择的路径
◇ 在严密检查的基础上，为组织建立一个严密的职业生涯规划体系	◇ 关注随着职业与生命阶段的变化，个人兴趣和目标方面的变化

（二）组织职业生涯规划与管理流程

组织应成立职业生涯规划指导委员会并按以下流程进行职业生涯规划与管理：

1. 厘清组织战略和组织文化

进行员工职业生涯规划的前提是组织本身有规划，即有清晰的发展战略和强大凝聚力的组织文化。

组织战略决定了组织的业务发展方向、组织架构、人才需求的数量、结构和质量。组织文化决定反映了组织的价值观、管理哲学、激励手段、员工的行为规范。在进行职业生涯规划时，这些都是影响员工进行自我定位和确定目标的重要因素。所以，在进行职业生涯规划前，必须提炼出组织战略和组织文化。

2. 明确规划的目标、重点和原则

这一环节是确定组织对职业生涯规划的定位。根据组织性质、发展阶段、发展战略、组织文化等，确定规划的目标是促进员工自我职业生涯管理，还是提高各级主管的人力资源管理水平，或是通过多通道的设计来培养和留住人才。可以将规划的重点确定为关键员工，也可以为全体员工。确定职业生涯规划的原则，比如利益结合原则、机会均等原则、共同制定共同实施原则、全面评价原则、动态原则等。

3. 设计职业通道

根据组织的行业特点、业务运营、组织架构和专业、职能等要素，确定组织应设置几类通道，通常情况可设置的职业通道有管理系列、研发系列、技术系列、生产系列、营销系列等。设计职业通道应发挥员工的专业优势,使其不通过管理职位的晋升,照样能达到相应的专业水准,享受与管理职位相当的待遇,从而实现职业发展。

4. 界定任职资格

根据知识、经验、技能、能力和素质五个方面界定每个职位的任职资格,明确员工在职业通道中晋升的标准。知识和技能可以通过考试来衡量,而经验、能力和素质通常需要通过档案、履历、面谈、心理测评等手段来评价。任职资格界定一定要以职位工作分析和职位说明书为基础,在工作分析时明确该职位的工作内容、业务流程、工作权限,这样在提炼任职资格时就有着力点。

5. 规划个体职业生涯

在职业生涯规划指导委员会的辅导下,员工与上级主管一起进行职业生涯规划,也就是按前面章节所述结合员工个人的特点、所处职业生涯阶段及外在的职业生涯环境等进行规划。

二、组织职业生涯规划方法

(一) 举办职业生涯讨论会

职业生涯讨论会是一种由人力资源管理部门统一组织的有计划的学习和练习活动。

组织一般是希望通过这种活动的安排,让员工主动参与有计划的学习与练习活动,通过自我评估和环境评估、与成功人士进行交流和研讨、进行适当的练习活动等,帮助员工制定职业生涯规划,即选定职业方向、确立个人职业目标、制定职业生涯发展路径等。

国外的很多实践都证明,举办职业生涯讨论会可以提高员工参与率,提高职业生涯规划的效率和效果,因而定期地举办职业生涯讨论会是组织进行职业生涯规划与管理的重要内容和形式。

一般来说,职业生涯讨论会包括以下几个程序:

第一步,准备活动。

在职业生涯讨论会举办之前,人力资源管理部门要做好一系列准备工作,包括选定参与者、准备评估工具(如心理测评工具、环境评估工具等)、收集信息、安排场地、准备日程表以及其他有关服务。

第二步,正式举办职业生涯讨论会。

在预先确定的时间、地点,由人力资源管理部门主持,正式举办职业生涯讨论会。

第三步,完成职业生涯规划表

为慎重起见,可以允许员工在讨论会结束之后一到两周内完成职业生涯规划表。这一过程,需要部门主管和员工共同进行。

职业生涯规划表可以有不同的内容和形式,要根据一个组织的具体情况和需要选择和制定。一般可以包含三个方面:

(1) 职业:如医生、律师、会计师等。

(2) 职业生涯目标:为所选择的职业设定成就目标,可以从岗位目标、收入目标、社会影响目标等几个方面设定。最高的目标可以称为人生目标,在迈向人生目标过程中设定的目标称为阶段性目标。

最好统一制定和使用一定格式的职业生涯规划表,以便进行统一管理。

职业生涯规划表内容由员工和部门负责人共同讨论确定,由员工自己填写,部门负责人审核确认,这样才能有效地协调好各员工的职业生涯规划,避免他们之间的规划产生冲突。

职业生涯规划表制定好以后,员工与部门负责人分别签名,交给人力资源管理部门存档。

第四步,审查和协调职业生涯规划

人力资源管理部门要对每个员工的职业生涯规划进行分析,对他们之间可能产生的冲突进行协调,并跟本人进行沟通做出恰当的调整。一般来说,人力资源管理部门可以从两个方面进行审查和协调:

(1) 审查员工职业生涯规划书有没有明显错误,有没有不符合标准格式的情况,要特别注意员工的职业选择是否合理。

(2) 协调员工的职业生涯目标和职业生涯通道,重点是看员工的短期职业生涯规划在时间上是否有冲突。因为短期选择是马上就要落实的,出现的冲突必须立即予以解决。同时也要注意每个员工的长期职业路线设计和人生目标之间是否存在明显的冲突,如在同一段时间内,有相当多员工的人生目标是追求同一个岗位,就要建议某些员工修改职业生涯规划以及经人力资源管理部门协调后的职业生涯规划书。

最终经由各方确认无变化后,由人力资源管理部门复印两份,原件由人力资源管理部门存档,复印件由部门和员工个人各保管一份。

人力资源管理部门应把各个员工每次职业生涯规划录入计算机信息系统,以便与其他员工的职业生涯规划相协调,便于员工查询,并与招聘、培训、绩效考核、人事调动、薪酬以及组织变动等密切结合起来,实行动态管理。

(二) 制定职业生涯发展手册

职业生涯发展手册是前期研讨会与职业生涯规划表的书面成果的集合、规范化和标准化,用于指导员工职业生涯发展。

手册一般包含以下几方面的内容：职业管理理论介绍、组织结构图、工作描述与说明书、评估方法与工具、组织环境信息、外部环境信息、职业生涯规划方法与工具、案例介绍与分析，见表6-2。

表6-2 员工职业生涯手册

项　目	内　容
职业管理理论介绍	介绍有关概念，阐明职业生涯规划对个人发展的重要意义，描述职业生涯规划的一般程序和方法，指出职业生涯规划中个人和组织密切合作的必要性及注意事项
组织结构图	1. 展示组织结构图，包括各部门岗位设置子图； 2. 详细说明部门、岗位之间的关系； 3. 介绍职业发展的不同通道
职位说明书	按管理等级中的层次、部门，列出所有岗位的工作描述和工作说明书
评估方法和评估工具	1. 详细介绍各种引入的专业测评工具：自我评估、组织环境评估和外部环境评估的方法与工具； 2. 各种评估工具应是完整的问卷或量表（职业锚、心理测验、职业性向、职业性格、管理能力测评等）； 3. 说明其使用范围、适应情形、使用注意事项、结果处理、解释和意义、适应的职业等
组织环境信息	1. 对职业生涯规划和职业发展影响的组织信息，包括长期目标、发展战略、价值观、人力资源管理方面的规章制度等； 2. 人力资源管理规章制度要详细说明，如招聘政策、调配政策、减员政策、培训政策、劳动关系政策、绩效考核政策、薪酬制度、考勤制度等
外部环境信息	收集与本组织发展有关的信息：宏观政策、行业动态、职业供给信息等
职业生涯规划方法和工具	介绍职业选择、人生目标与阶段目标确定、职业生涯通道设计的方法与工具
案例分析和介绍	介绍管理人员、技术人员、普通职员等各类人员的职业生涯规划与发展的成功与失败的案例，分析成功与失败的原因

由于组织环境与市场环境的不断变化，职业生涯手册应设定更新周期，并保证内容的可操作性，确保员工看到就知道自己该怎么去做。

在职业生涯手册编写的过程中需要注意以下几个方面的问题：

1. 编写者

职业生涯手册应在专业的职业咨询顾问的指导下，由人力资源管理部门中负责职业生涯管理的有关人员编写。编写人员应与负责招聘、培训、绩效考核等有关人员加强沟通与合作,在定稿前要听取上述人员的意见。

2. 更新周期

由于内外环境的不断变化,客观上要求职业生涯手册必须不断更新。一般来说,当组织发生变革、企业政策作重大调整、技术上出现重大突破、社会产生剧烈变化等情况出现时,都需要更新职业生涯手册。在企业组织内外比较稳定的条件下,一般在2~3年要更新一次职业生涯手册。

3. 内容详细程度

职业生涯手册的内容要有可操作性,尤其是评估工具、案例介绍和规划制定几个部分,让普通员工一看就能明白自己应该怎么做。

(四)开展职业生涯咨询

当员工在制定职业生涯规划遇到问题时,组织的人力资源管理部门及各级管理人员应该能够为他们回答问题,通过开展职业生涯咨询,协助员工制定出切实可行的职业规划。职业生涯咨询可以是正式的也可以是非正式的。

1. 咨询者

可以充当咨询者身份的人大致可以分为以下几个类型:

法定咨询者:各部门负责人是该部门员工的法定咨询员;人力资源管理部门的管理人员则是面向组织全体员工的法定咨询者。作为内部人力资源管理专家,他们不仅负责制定职业生涯管理的政策制度,统筹全组织的职业生涯管理活动,而且负有向全体员工提供职业生涯咨询的任务,当各部门员工遇到部门负责人解决不了的问题时,人力资源管理部门的管理人员负责向员工或部门主管提供咨询。

义务咨询者:组织的成功人士,包括已经退休、即将退休的成功管理人员、技术人员等人士,尽管他们不是管理等级链上的管理人员,不是法定咨询者,但他们成功的职业生涯实践是一笔宝贵财富。从某种意义上来说,他们更有发言权,他们的咨询意见更容易为员工所接受,他们不仅为员工提供咨询,也可以为部门主管提供咨询。

当然,法定咨询者对组织的政策和全局的把握比义务咨询者更全面而准确,法定咨询者的咨询和义务咨询者的咨询应相互补充。

对于员工来说,首先应向部门主管咨询,然后可再听听义务咨询者的建议。

2. 职业生涯咨询的一般程序

(1)接受咨询

咨询人员可通过两种方式开展咨询:一是员工主动请求指点职业生涯规划和职业生涯发展中遇到的问题;二是咨询者主动经常性地对自己的下属或"定点"指导对象进行指导帮助。

（2）了解被咨询者

如果说第一步是建立咨询的感情基础的话,那么第二步就是建立咨询的信息基础。职业生涯咨询成功的关键之一是咨询者必须对被咨询者的各方面情况,特别是能力、兴趣、家庭等有比较全面而深刻的了解,才有可能提出有针对性的生涯建议。

咨询者可通过两种途径了解被咨询者的情况。其一是通过与被咨询者进行交谈,通过交谈准确把握被咨询者目前的兴趣、对自己工作绩效的评价、心理困惑以及心理需要和人生态度等。其二是通过非交谈法了解,包括与被咨询者有密切工作关系的其他员工交谈,阅读当事人的档案材料,历年绩效考评资料,以了解当事人的教育背景、培训情况、经历、家庭背景、生理特征、心理特点、价值观和前期的职业生涯规划及其实施情况等。

（3）组织与外部环境信息收集与分析

咨询者必须对企业的内部信息有全面的了解,如组织结构框架、组织宗旨与组织目标、企业发展战略、培训政策、调配政策以及其他员工的生涯设计等。咨询者还需要对企业的外部环境有比较深刻的了解,包括经济与技术发展走势、国家产业政策的变化方向、各种职业需求变化情况等。

（4）生涯诊断

在信息分析过程中,可以发现被咨询者职业生涯发展中,存在各种不协调的情况发生。这些不协调或错误将导致当事人职业生涯发展的困难,让其走弯路甚至难以实现职业生涯计划。

（5）提供咨询建议

根据职业生涯诊断的结果对症下药,向员工提出咨询意见,帮助其解决职业生涯计划或职业生涯发展中存在的问题。

（6）咨询总结与反馈

每一次咨询活动之后,咨询人员都应及时把咨询的经过和咨询中的一些重要方面进行总结,为被咨询者建立咨询档案,以供下一次咨询时参考对照,咨询人员自身也可从中得到提高。

不仅如此,咨询人员还应对被咨询的员工进行"随访",即与被咨询者保持经常性联系,跟踪调查,及时获得反馈信息,从而可以及时向被咨询者提供进一步的咨询,修正不合适的指导意见。

第二部分 学 生 活 动

学生活动:请根据你所在组织情况,为某一员工制定职业生涯规划表。

员工职业生涯规划表

填表日期：　年　月　日　　　　　　　　　填表人：

姓名		员工编号	
年龄		性别	
所学专业		学历	
目前任职岗位		岗位编号	
目前所在部门		部门编号	
计划制定时间	年　月　日	部门负责人	

职业类型（在选定种类的题号上画勾，可选择两个或以上）
1. 管理　　2. 技术　　3. 营销　　4. 操作　　5. 辅助
如选择的职业类别更具体、细化，请进一步说明。

人生目标
1. 岗位目标
2. 技术等级目标
3. 收入目标
4. 社会影响目标
5. 重大成果目标
6. 其他目标
人生通道：
图示（简略）
简要文字说明：
实现人生目标的战略要点：

长期目标：（通常在10年以上）
1. 岗位目标
2. 技术等级目标
3. 收入目标
4. 重大成果目标
长期通道：
图示（简略）
简要文字说明：
实现长期目标的战略要点：

(续 表)

中期目标:(通常在5年以上)
1. 岗位目标
2. 技术等级目标
3. 收入目标
中期通道:
图示(简略)
简要文字说明:
实现中期目标的战略要点:

短期目标:(通常在1年以上)
1. 岗位目标
2. 技术等级目标
3. 收入目标
短期通道:
图示(简略)
简要文字说明:
短期计划细节:短期内要完成的主要任务;
有利条件:
主要障碍和对策:
可能出现的意外和应急措施:

备注:
如系修改稿,请说明理由。如有自我申告表,请附在本表后。
部门负责人(签字):
人力资源部职业生涯管理负责人(签字):

任务2
组织职业生涯通道设置

第一部分 任务学习引导

一、职业生涯通道内涵

职业生涯通道是组织为内部员工设计的自我认知、成长和晋升的管理方案,是决定组织内部人员晋升的方式、晋升机会和程序的决策组合。这一概念与职业生涯路径略有不同。职业生涯路径，是指员工在其职业生涯中所经历的一系列工作经验；而职业生涯通道，能够显示出组织能够提供给员工的职业生涯发展方式、发展机会以及要求员工应具备的条件等。

二、职业生涯通道类型

组织职业通道类型是组织职业通道设计的核心内容。目前的组织职业通道类型主要分为四类。

（一）单向职业发展通道

所谓单向职业通道是员工在组织中从一个特定的职位到下一个职位纵向向上发展的一条路径，员工按照逐级上升的方式，从一个岗位向上一级岗位变动，是一种基于过去组织内员工的实际发展道路而制定出的一种发展模式，见图6-1。

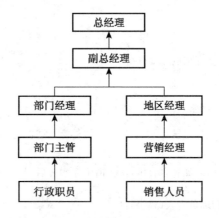

图6-1　单向职业发展通道模型

这种模式将员工的发展限制于一个职能部门内或一个单位内，通常是由员工在组织中工作年限来决定员工的职业地位。

它假定每一个当前的职位是下一个较高职位的必要准备。因而，员工必须一个台阶一个台阶地、从一个职位到下一个更高职位变动，以获得所需要的经验和准备。

例如：一企业的销售部门的职业通道是从下而上设计为销售小组、社区销售、地区销售、全国销售及全球销售五个等级。一个销售人员可在5年后成为销售组长，10年后成为社区销售主管，15年成为地区销售主管，25年成为跨国公司在某一国家的销售主管，30年后成为某一国家的销售总监。

单向职业通道的最大优点是清晰明确，员工知道自己向前发展的特定工作职位序列。

这种单一通道最明显的缺陷是侧重于管理类发展,而中、高级专业技术人员却没有相应发展路径,这样高级专业技术人员会因缺少发展路径而离开组织,或者专业技术人员被提升到管理岗位,能力和岗位不适应造成人才浪费。

(二) 行为职业生涯发展通道

行为职业生涯发展通道又称网状通道,是建立在对各个岗位的行为需求分析的基础上而设计的。

组织首先进行工作分析来确定各个岗位上的职业行为需要(TDRs 和 KSAs),然后将具有相同职业行为需要的工作岗位划为一族(这样的族,是指对员工素质及技能要求基本一致的工作岗位的集合),然后以族为单位进行职业生涯设计,见图6-2。

这样,除了传统职业通道之外,员工还可以在族内进行职业流动,从而打破了部门对员工职业发展的限制。这种职业通道优缺点,主要表现:

优点:对于员工而言,这种模式能带来更多的职业发展机会,也有利于员工找到符合自己的职业锚,顺利实现职业目标;对于组织而言,这种模式增加了组织的应变性,从纵向横向上为员工拓宽了职业发展通道,为员工提供了多样的生涯发展可能性。最大的优势在于可以避免通道堵塞,也可以缓解职业高原现象,员工职业发展不必局限于某种既定的模式和路径,能一定程度化解岗位争夺的矛盾冲突。同时,当组织中某岗位空缺时,可选择范围也较为宽泛。因此,当面临组织战略大调整时,这种职业通道可以平稳完成人员转岗,故而能提高组织的应变力。

缺陷:不如传统的单向职业通道清晰,员工选择自己想走的道路时会比较困难些。

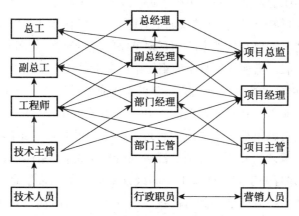

图 6-2 行为职业发展通道模型

(三) 横向职业通道

单向职业通道和行为职业通道被视为组织成员向较高管理层升迁之路。对于大多数员工而言,组织常采取工作扩大化、丰富工作内容、工作轮换等横向工作职位调动来使工作更加多样化,使员工焕发新活力、迎接新挑战。虽然没有加薪或晋升,但员工可以增加自己对组织的价值,也使他们自己获得了新生。按照这种思想所制定的组织职业通道就是横向职业通道,见图 6-3。这种模式进一步打破了网状职业通道模式对员工行为和技能要求的限制,实现了员工在组织内更自由的流动。

这种设计一般也是建立在工作行为需求分析基础上的。该模式打破传统纵向模式,有效拓宽职业发展通道,满足员工不同职业需求。通过横向调动,积累员工职业经历、完备员工技能、开阔其职业发展视野,既激发了员工潜力也焕发了组织活力。尤其对于处于职业中期的员工,这一模式更加行之有效。

图 6-3　横向职业发展通道模型

(四) 双重职业通道

传统的职业通道是组织中向较高管理层的升迁之路,而双重职业通道主要用来解决某一领域中具有专业技能、但并不期望或不适合通过正常升迁程序调到管理部门的员工的职业发展问题。组织为员工设置两种路径——技术道路和管理道路,并且在两种路径中设置多种转换通道,使员工可以在职业生涯发展的不同阶段根据自身实际情况需要在技术道路和管理道路间进行转换,见图 6-4。

这种职业发展通道模式侧重于使组织中的专业技术人员具有与管理人员平等的地位、报酬和更多的职业发展机会。双重职业通道设计的思路是:专业技术人员没有必要也不可能因为其专业技能的提升而从事管理工作,技术专家能够并应该被允许将其技能贡献组织而不必成为管理者。他们的贡献是组织需要的,应该得到组织的承认。承认的方式不必是被提拔到管理岗位,而是体现在报酬的变更和地位的提升上,并且处于同一岗位上不同级别专业人员的报酬是可比的。双重职业通道能够保证组织既聘请到具有高技能的管理者,又雇佣到具有高技能的专业技术人员。专业技术人员实现个人职业生涯发展可以不必从管理层晋升的道路,避免了从优秀的技术专家中培养出不称职的管理者这种现象。双重职业通道有利

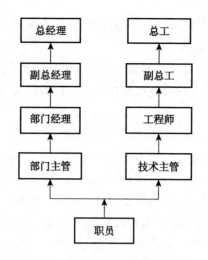

图 6-4　双重职业发展通道模型

于激励技术、财务、市场等领域中有突出贡献的员工。华为在很早以前就设置了两条平行的职业通道：管理类——行政干部，其发展路径为：基层业务人员→骨干→基层管理者→中层管理者→高层管理者；技术类——技术专家，其发展路径为：基层业务人员→骨干→核心骨干→专家→资深专家。

在双重模式的基础上，一些组织将员工的发展通道进一步细化为"三通道"、"四通道"等多重职业通道，为员工在组织中的职业发展提供更大的空间。如一些公司采取"三通道"的做法，将技术人员的道路进一步分为"研究、技术服务与开发、工艺工程"三条道路，为其开拓了较宽的发展途径和较多的晋升机会。

三、职业生涯通道设置

传统的职业发展意味着沿着组织内部的管理职位阶梯一步步地向高层提升，对许多人来说，单一的管理职位通道与他们的职业价值观和兴趣是不相称的。"职业锚"理论告诉我们，员工有自己的职业定位，而管理型只是八种职业锚中的一种，因此以管理层级设计为基础的职业通道显然是过于片面的，不能满足有不同职业锚的员工的职业发展需要。可以以职业锚的类型划分为依据，对组织内部员工的工作类型进行分类，设计适合本组织的多重职业通道，不同职业通道的层级之间在报酬、地位、称谓等方面具有某种对应关系，这样就可以让每一个员工都能找到适合自己的职业通道，朝着自己的职业目标前进。

（一）职业生涯发展通道设计

职业生涯发展通道设计是组织职业生涯规划的关键。组织为员工建立科学合理的职业发展通道，将会有利于员工发挥积极性与创造性、增强对组织的忠诚度。

如何进行职业生涯通道设计,是当代人力资源管理的重要工作之一。

1. 进行岗位分析与设计

这是建立组织职业发展通道的基础准备工作,必须结合组织战略、组织结构、关键流程,对组织的岗位进行再分析和再设计。在进行岗位分析与设计过程中,要注意以下几方面的内容:

(1) 要了解组织的岗位设置以及每个岗位的特点,然后根据经验和专业判断,进行初步的归类,这是职业发展通道设置的基础。

(2) 在对组织的岗位进行初步归类后,还需要考虑各类岗位对于组织的相对重要程度。一般而言,如果某类岗位是实现组织阶段战略目标的关键类别岗位,就应该单设一个通道,反之,如果某类岗位的重要程度不高,则可以与其他类似的岗位类别放在一起管理,以增强职业发展通道的针对性,降低管理成本。如以技术创新特征为主的制造业,研发和市场营销岗位是公司的核心岗位,这些岗位员工是公司的主体,人员构成呈哑铃型结构,则市场营销、研发需要单独设立通道;如电信运营公司,运营操作类的员工是公司的最核心员工,需要特别独立设立通道。

(3) 在考虑上述两个方面并进行初步的归类之后,还需要比较各类岗位数量,以判断是否足以设置一个通道。因为某些岗位具有独特的工作特点,而且对组织的重要性也比较高,但有可能岗位数量非常少,在这种情况下不宜单设一个通道。有的企业在设计员工职业发展通道时,依据工作技能的差异建立起很多的通道,如行政管理、后勤管理、形象宣传等都分别作为独立的职业发展通道,其结果是难以有效实施和应用,所以员工职业发展通道划分不宜过细。

(4) 要考虑各通道间的岗位是否能够保持相对独立。如果设置不同的通道,通道间还应尽量避免岗位重合,避免某些岗位既可以归入 A 通道又可以归入 B 通道的情况,如果有这种情况出现,那么在通道设计的时候就要考虑是否放在一个通道,或者对这些岗位的归属给出明确的界定。

2. 对职业发展通道内层级进行划分

在通道设置基本确定后,就需要考虑另外一个问题,即单个通道内层级如何划分。一般来讲,需要考虑通道内岗位的特点、各岗位上岗人员的情况等,不同通道在通道内部大的层级划分上会有差异,如在管理通道内部,公司级的领导可以划为一个层次,部门级的领导可以划为另一个层次,一般员工可以根据资历、经验等划为几个不同的层次。划分层级的目的,就是为了给所有员工一定的上升空间,以利于员工自身的职业发展,同时组织也可以通过员工所在的层级,有效区分关键岗位和骨干员工,为日常的员工管理和制定与员工发展相关的政策制度提供依据。

在通道内划分层级的同时,各层级的职数或比例也需要有一个大致的规划,职数或比例的提出也与通道内岗位的特点以及对岗位的定位有关。一般可以考虑以组织中该职位的最高水平者为标杆,将他(她)的标准作为最高倒数第二级标准来开展设计。如某公司CTO的技术水平最高,如果以他为标杆,定位技术5级,则总的技术通道可以设置为6级,最高级可以为空缺。

职数控制常见于通道中某些层级有严格定编限制的情况。如在管理通道中,通常的做法是对公司级、部门级的领导进行严格的职数限制,这跟这些岗位本身有严格的岗位编制有关,如公司总经理一般只有一位,各部门负责人一般也是一个部门设一名,这种情况是不能通过职业发展通道的设计来突破的,因此,一般在这些具有严格定编的岗位上,职业发展是具有职数限制的,即员工虽然具备了这些岗位层级的任职要求,但如果没有岗位空缺或新的类似岗位层级需求,就不能继续往上晋升。

比例限制则常见于虽然没有严格定编限制的情况,但出于组织整体考虑,在通道内设置层级时对各个层级有比较严格的定位。比如,在某设计企业中,比较常见的是设计人员,这部分人员是设计企业完成生产设计任务的主要力量,一般在设计企业中都会单独设置技术通道或设计咨询通道等,为设计人员提供成长空间。从实际情况看,因为设计人员大多具备专业职称,因此很多企业是通过职称来区分设计人员的。但问题是职称并不能完全反映一个员工的真实能力水平,因此可以将设计人员分为专家设计师、资深设计师、高级设计师、中级设计师、初级设计师、设计员等层级,其中对专家设计师、资深设计师的定位非常高,一般都是相关领域的权威技术专家,是企业在这一领域的最高技术水平的代表。因此,该企业就规定专家设计师不得超过全体设计人员的2%,折算下来基本上一个主要专业只有1~2人能够评上专家设计师的层级。如某电信公司也对专业技术序列层级进行了比例控制,如表6-3所示。

表6-3 某企业员工职业发展通道系列表(全系列设置)

层级类别	管理类	专业技术类		营销贸易类	机能作业类
		工程技术类	职能业务类		
核心层	高级管理人员				
	中级管理人员	首席专家	首席主办	首席营销师	首席技师
骨干层	初级管理人员	专家	高级主办	高级营销师	高级技师
		资深工程师	资深主办	资深营销师	资深技师
基础层		三级职员		技师	
		二级职员		三级技工	
		一级职员		二级技工	
		普通职员		一级技工	

表 6-4　某电信公司专业技术序列层级体系

层级	研发型中心		专业技术型中心		操作服务型中心	
	标准层级名称	比例	标准层级名称	比例	标准层级名称	比例
5	研究工程师/专员	15%	研究工程师/专员	10%	研究工程师/专员	5%
6	省管理工程师/专员	20%	省管理工程师/专员	10%	省管理工程师/专员	5%
7	支撑工程师/专员	30%	支撑工程师/专员	15%	支撑工程师/专员	10%
8	工程师/专员	20%	工程师/专员	25%	工程师/专员	10%
9	助理工程师/助理专员	10%	助理工程师/助理专员	25%	助理工程师/助理专员	20%
10	技术员/高级文员	5%	技术员/高级文员	10%	技术员/高级文员	30%
11 12	操作员/文员	0%	操作员/文员	5%	操作员/文员	20%
	合计	100%	合计	100%	合计	100%

3. 描述职业通道及层级

晋升通道的结构及层级确定下来以后，需要对每一个通道以及其中每一个层级进行描述说明，要讲清楚各个通道的特点和差别，这样员工才能知道自己最适合哪一种晋升通道。

如某公司技术人员职业发展通道分为管理类、技术类、销售类，每一层级的描述，如表 6-5 所示。

表 6-5　某公司职业发展通道描述

技术序列描述

级别代码	级别名称	级别描述
T1	初做者	能做好被安排的一般性工作。能够根据基本的工作准则和要求完成有限范围的任务；能够运用在培训和实习中学习到的专业知识和流程；在有限条件环境下能够尝试作出独立判断；能够做与自己专业相关领域的知识管理；能在团队工作中作为一个成员提供信息、问题分析和建议；能在 T2 以上人员的指导下按计划要求完成任务并保证其质量
T2	有经验	能够应用专业知识独立解决一般问题。能够参与中等难度的项目工作，或参与解决中等难度问题；能在既定程序和条件下独立作出判断并采取适当的行为；能作为一个有经验的项目成员为项目提供分析信息和背景输入；能够执行既定的指导方针，并对行动动因作出合理解释；能对独特的事情或例外进行评估并做出适当建议。能在 T3 及以上工程师的指导下解决模块开发一般难题

(续　表)

级别代码	级别名称	级别描述
T3	骨干	能够负责小型项目开发设计，或负责大中型项目的模块开发设计。在公司既定指导方针和流程下，利用已有知识解决一般或有一定难度的业务问题，并能作出必要的抉择；能够处理复杂问题，参与难度较高的项目；能在既定政策下进行独立判断，并提供择解决方案；能作为项目经理或团队领导指导团队进行工作；能够处理非常独特的事情或例外；在对复杂的业务问题作出决策时能够找到处理建议。可以指导和培养T1、T2级的人员，具有新员工思想导师资格和经历，适当的时候可担负一定的小型项目领导职责或作为中型项目的骨干力量
T4	专家	作为公司某一领域专家，能够解决比较复杂的问题或领导中型项目。创新性利用知识解决复杂业务问题，也被公认为处理某一领域或方面的问题专家；能够经常贡献业务发展的新思路和方法；能够经常为新思想或新方法的形成作出贡献；能够根据多方面深入，在对现状和已有数据的评估基础上，解决复杂问题或项目；为一般项目成员提供工作上的指导和意见，能自觉主动参与多项工作；很好的把握业务需求，为专业业务人员决策提供数据、资料支持；能指导和培养T3以内工程师，领导中型项目或作为大型项目的骨干力量
T5	资深专家	作为公司内公认的某方面专家，参与战略制定并对大型项目成功负责。作为公司内相关专业领域理论、技术、技巧等方面的公认专家；对新思想、理论和原则的形成负责；能在特别复杂的场合下应用自如，保证达成公司期望的成功目标；能够提供高度创新的解决方案；需要经常作出正确判断，以开发适合公司需要的新方法、技术和标准；参与公司发展战略制定，负责确定功能领域的政策和运作方向；在功能领域或部门中担任技术管理责任，但是并不一定是管理者；对T4技术人员进行指导和培养，领导大型、重要项目。对产品质量、成本、计划、进度和客户满意度以及可维护性有决定性的影响。及时了解市场、关键竞争对手、商业或技术环境的情况
T6	权威	作为公司内外公认的权威，推动公司决策。作为某技术领域思想上的领导者；公司内外公认的权威；具有强烈的成本意识、商品观念、质量意识并按要求组织、推动职能范围内机构严格按计划、进度完成任务，改进流程或开发方法；对管理者和同事提供指导和方向的指引；对公司产品决策提供建设性意见。领导公司复杂程度或重要程度最高的项目或跨部门的大型项目

销售序列描述

级别名称	级 别 描 述
三级业务员	新进入公司参与某一销售领域的初做者特征; 掌握产品销售业务的基本知识; 尚无法独立开展工作,主要工作均需要在管理者和高级别业务人员主要指导下完成; 相关工作均在摸索中,不具备熟练特征;目标客户的定位对象多为接口人和低职位人员; 仅对个人绩效目标负责,无下属,无法指导别人工作; 具备其他公司同类产品销售经验的人在入公司后必须首先评定此级别方可发展(可跳跃发展)至其他高级别
二级业务员	具备掌握销售业务基础的知识、技能和技巧,并在工作中得以多次实践的有经验者特征; 在管理者和高级别业务人员指导下能够完成较为复杂的业务; 对于例行工作能够独立开展并具备熟练操作特征; 目标客户的定位对象多为接口人和低职位人员; 有三家以上有价值的成交客户; 仅对个人绩效目标负责,无下属,可指导三级业务员部分工作
一级业务员	具有销售某一领域全面、良好的知识和技能,在某一方面是精通的,能够独立承担某一方面工作的策划和推动执行的业务骨干者特征; 能够独立、成功、熟练地完成本领域某一方面的工作任务; 目标客户的定位对象多为接口人和中等职位人员; 有五家以上有价值的成交客户; 仅对个人绩效目标负责,无下属,可指导低级别业务员部分工作
二级销售专家	在公司某一销售业务领域具有广泛的经验和技能,精通某一领域的知识和技能的业务专家特征; 具备销售团队的初级管理者特征;(非必须条件) 能够管理某一销售领域或指导销售领域某一方面的工作有效运行,是销售领域的骨干力量和关键贡献者; 对于本销售领域内中等复杂的问题,能够通过现有的程序或方法来解决,熟悉其他相关销售领域运作; 不仅对个人绩效目标负责,同时对所在组织其他人和组织绩效负责(非必须条件); 目标客户的定位对象多为中等职位人员; 有业务员下属若干(非必须条件); 可指导低级别业务员主要工作
一级销售专家	在公司多个销售业务领域具有广泛和深刻的经验和技能,精通某一领域的知识和技能的业务专家特征; 具备销售团队高层管理者助手特征;(非必须条件) 能够领导某一销售领域的工作有效运行,是销售领域的骨干力量和关键贡献者; 对于本销售领域内复杂的问题,能够通过现有的程序或方法来解决,熟悉其他相关销售领域运作

(续表)

级别名称	级别描述
一级销售专家	个人绩效目标即所在组织绩效,对所在组织其他人和组织绩效负责(非必须条件)。 目标客户的定位对象多为中高级别职位人员;有下属若干(非必须条件); 可指导低级别业务员主要工作
二级销售资深专家	作为公司内公认的某方面专家,但无行业影响力;精通销售多个领域的知识和技能,参与战略制定并对某一关键业务成功负责的资深业务专家特征; 具备销售团队高层管理者或者高层助手特征(非必须条件); 能够准确把握本领域的发展趋势,指导局部体系的有效运作,能够指导本领域内的复杂问题解决; 个人绩效目标即所在组织绩效,对所在组织其他人和组织绩效负责(非必须条件); 目标客户的定位对象多为高级别职位人员; 有下属若干(非必须条件); 可指导低级别业务员主要工作

管理序列描述

岗位层级名称		主要描述
专业人员层	助理专员	不独立负责某一业务模块工作,或负责某一业务模块中的部分工作;需要在专业人员或高级专业人员的指导下,开展局部或初级的信息收集以及分析工作;
	专员	能通过发挥专长在某一业务领域独立工作,但熟练程度有进一步提升空间;
	高级专员	具有该领域较为丰富的经验和技能;在某一领域独立开展工作,并能够对本领域内其他专业人员提供一定的技术指导;
主管层	主管	具有该领域丰富的经验和娴熟的技能; 分配协调并指导本领域专业人员开展工作并对其工作成果进行审核
	助理主任	对部门业务整体比较熟悉;可以承担某些重要或较难的职责,作为部门后备干部培养;
部门经理层	副主任	分管本部门部分领域业务工作;协助部门负责人进行部门综合管理工作
	部门负责人	制定部门工作计划并监督执行;全面负责本部门综合管理工作
总监层	职能总监	参与集团公司战略的制定;在集团公司范围内制定和执行符合公司愿景、文化和长期业务目标的本专业发展战略

4. 确定任职资格标准与胜任能力标准

确定任职资格是职业发展通道设计中非常重要的工作,任职资格标准是完成某一范围工作活动的成功素质、知能和行为,反映了对工作人员职位胜任能力,即职业技能的要求。所有的层级划分、职数或比例控制等都不是凭空产生的,需要结合组织实际,对哪些员工能够进哪些通道、哪个层级有一个大致的预期,进而分析每个通道每个层级上员工的基本情况,如基本的学历职称、工作年限、业绩、核心素质、知识技能等方面。一般来说,任职资格标准由基本条件、资格标准和参考项三大部分组成,如图6-5所示:

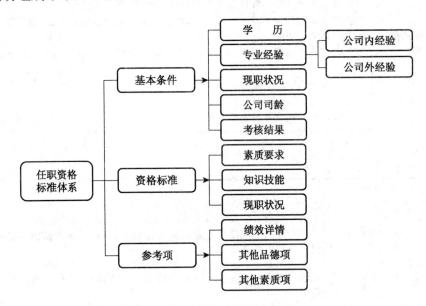

图6-5 任职资格标准体系的构成

在制定任职资格标准时,需要考虑三个方面的内容:

(1) 要结合组织实际情况,确定每个通道从哪些方面规范任职资格标准。通道划分的重要依据是岗位的特点,在不同的通道中,任职资格方面的考量应该是有差异的,如企业管理通道,可能更强调员工的学历、专业、管理经验等,而针对设计人员的技术通道,则应该更强调员工的专业、业绩完成情况及所体现的专业技术水平(如技术创新、设计优化等)。

(2) 要确定通道内任职资格。在制定通道内的具体标准时,要考虑其晋升管理的可操作性,上一层级和下一层级之间任职资格有哪些差距,员工是否能够通过在下一层级的努力工作,从而逐步达到上一层级的任职要求。如果中间出现断层,那么在实际操作中员工的晋升操作将会变得困难。如表6-6对某公司会计核算岗位任职资格进行了界定,同时也说明了每一级的晋升条件。

(3)对通道间任职资格进行比较。在现实情况中,往往会出现员工从一个通道向另一个通道发展的情况。在这种情况下,任职资格应该为员工在不同通道间的转换提供一定的依据,这就需要在制定任职资格时考虑通道间层级之间的协调对应关系、不同通道的任职资格是否能够体现一定的衔接等问题。因此,在制定完各个通道的任职资格后,往往需要在通道间做个对比,避免通道间任职标准差异过大。

在任职资格标准开发和员工层级认证的过程中,需要针对每一职业发展通道成立精通业务的专家小组,负责相应的工作。对于一个组织来说,不可能在每一业务和职能领域都找到符合条件的"专家",但如果没有专家小组,则后期的任职资格标准开发和员工层级认证工作就难以正常开展。

表 6-6 某公司会计核算岗位晋升条件及要求

通道名称	任职资格标准	比例	备注
"九级工程会计"	满足任"八级工程会计"2年的条件;通过岗位培训测试,取得高级会计师资格;近3年绩效考核为称职及以上,且有2年为优秀。参加工程会计岗位的"九级工程会计"选聘,选聘成功后晋升至"九级工程会计",年度评为基本称职的下降一级,评为不称职的下降两级或待岗	5%	五—九级工程会计定期参加选聘,下一级会计核算可参与上一层级选聘,在比例控制范围内实现岗位内职业发展能上能下
"八级工程会计"	满足任"七级工程会计"2年的条件;通过岗位培训测试,取得高级会计师资格;近3年绩效考核为称职及以上,且有2年为优秀。参加工程会计岗位的"八级工程会计"选聘,选聘成功后晋升至"八级工程会计",年度评为基本称职的下降一级,评为不称职的下降两级或待	5%	
"七级工程会计"	满足任"六级工程会计"2年的条件;通过岗位培训测试,取得高级会计师资格;近3年绩效考核为称职及以上,且有2年为优秀。参加工程会计岗位的"七级工程会计"选聘,选聘成功后晋升至"七级工程会计",年度评为基本称职的下降一级,评为不称职的下降两级或待	10%	
"六级工程会计"	满足任"五级工程会计"2年的条件;通过岗位培训测试,取得高级会计师资格;近3年绩效考核为称职及以上,且有2年为优秀。参加工程会计岗位的"六级工程会计"选聘,选聘成功后晋升至"六级工程会计",年度评为基本称职的下降一级,评为不称职的下降两级或待	10%	
"五级工程会计"	满足任"四级工程会计"2年的条件;通过岗位培训测试,取得高级会计师资格;近3年绩效考核为称职及以上,且有2年为优秀。参加会计核算岗位的"五级工程会计"选聘,选聘成功后晋升至"五级工程会计",年度评为基本称职的下降一级,评为不称职的下降两级或待岗	20%	

(续 表)

通道名称	任职资格标准	比例	备注
"四级工程会计"	满足任"三级工程会计"1年的条件;通过岗位培训测试,取得中级会计师资格;近3年绩效考核为称职及以上,且有2年为优秀。晋升至"四级工程会计"。三年都为优秀的晋升至"五级工程会计",年度评为基本称职的下降一级,评为不称职的下降两级或待岗		
"三级工程会计"	满足任"二级工程会计"1年的条件;通过岗位培训测试,取得初级会计师资格;近2年绩效考核为称职及以上,且有1年为优秀,晋升至"三级工程会计"。其中近两年都为优秀的晋升至"四级工程会计",年度评为基本称职的下降一级,评为不称职的下降两级或待岗		
"二级工程会计"	新招聘人员任"一级工程会计"任职满1年;通过岗位培训测试,取得会计证;且年度绩效考核为称职的,晋升至"二级工程会计"。年度绩效考核结果为优秀的晋升至"三级工程会计",年度评为基本称职的下降一级,评为不称职的下降两级或待岗		
一级工程会计	新招聘人员对应"一级工程会计"。满足工程会计岗位的基本任职条件(学历、专业IT要求等)		

第二部分 学生活动

学生活动:选择一家企业写出现有管理类和某一技术类的层级划分。编写管理类各层级的任职资格标准。

岗位层级名称	职数比例	级别描述	任职资格标准

任务 3
不同职业阶段的员工职业生涯规划与管理

第一部分 任务学习引导

一、职业探索阶段的员工职业生涯规划

(一)职业探索阶段员工的特点

职业生涯探索阶段主要是指从员工进入职业前的职业选择、职业培训到进入组织的这一段时期。这一阶段是一个人由学校走向社会,由学生变成雇员,由单身生活进入家庭生活的过程,发生一系列角色和身份的变化。一般来说,当新员工进入一个新的组织时,会经过前期社会化、碰撞、改变与习得三个阶段来完成社会化的过程。

在前期社会化阶段,新员工从各种与工作、组织有关的消息来源收集信息,这个阶段最有可能的压力在于一切都不是太清楚,因此取得准确的信息就显得尤为重要。这一时期心理契约初步形成,因此员工与组织双方在此时有努力达成一致目标的心理是必要的。

在碰撞阶段,对于新员工而言,工作所要求的角色、任务、人际关系和身体状况都是显而易见的。在前期的社会化中形成的期望可能会与实际所看到的现实相矛盾,从而产生现实冲突。这时最可能预见到的惊讶反应是新员工在想:"我到底在干些什么啊?"现实冲突的程度取决于前期社会化中形成的期望值有多大。如果这些期望是不切实际或是不可能被满足的,现实的冲突可能会成为一个问题。

在改变与习得阶段,新员工开始掌握了工作要求,新员工应该具备一些方法来满足工作上的要求。

总体来看,在职业探索阶段中,员工在探索性选择自己职业时试图通过不同的工作或工作单位而选定自己喜欢、适合自己并将长期从事的职业。

(二)职业探索阶段的组织职业规划管理

针对职业探索阶段的员工,组织要从三个方面来推行职业生涯规划管理:帮助新员工准确认识自己、建立职业变换实习制度、提供职业咨询和帮助。

1. 帮助员工准确地认识自己

组织应关心职业生涯探索阶段的员工,在其进入组织初期时通过职业测验工具,对员工的职业兴趣、职业性格、职业动机和职业价值观等进行测试与分析,了解、分析并评估员工在职业潜能、职业能力倾向、职业适应性等方面的特征,帮助员工认识自我,进而为之后确立职业发展目标、制定职业生涯规划、调整职业与自我发展方向等职业规划工作提供较为科学的依据。

2. 建立职业变换实习制度

新员工对自我的认识有个探索的过程。针对这种情况,组织应该创造条件,建立职业变换实习制度,帮助员工开展职业探索,全面发展自身能力。

职业变换实习制度包括工作轮换、职务丰富化等模式。工作轮换包括职务晋升与横向流动,可以帮助员工更广泛地了解自己的职业和组织的任务,扩展更为广阔的职业领域,为其发展新技能和才能创造机会。职务丰富化则包括职务扩大与职务丰富。职务扩大是指增加员工工作的深度,允许他们对职务工作行使更大的控制权;职务丰富是指增加员工工作的广度,提高工作的多样性,避免工作任务过度的专业化和狭窄的职务范围造成的工作单调乏味感。职务的丰富化给予了新员工更大的自主权、独立性和责任感,让他们自己完整地完成一项工作,能促使他们产生一种成就感和满足感,提高其工作积极性和工作质量,从而达到提高个人工作绩效、实现组织目标的目的。

对于作为重点培养对象的新员工,职业变换实习制度将会有利于他们在更高的岗位上更快适应。

3. 提供职业咨询和帮助

在新员工进入组织后进行职业探索与适应阶段,组织应指定专门的顾问为其提供职业咨询、解释其在职业上的问题与困惑,厘清职业发展思路,将有助于他们更快融入组织。

所谓顾问,是指一个能向新员工提供指导、训练、忠告和友谊的人,包括组织领导者、部门主管和职业研究专家。一般来说,要选技能全面、业务熟悉且工作热情、性格外向的人做新员工的顾问,帮助其尽快进入工作状态。

在成功的职业生涯规划中顾问处在很重要的位置上,因为他们能在工作与心理两方面为个体提供帮助。工作上的帮助包括教导、引荐、训练、保护。其中教导是指有效帮助新员工取得工作经验并提高;引荐是指为其提供与组织中关键人物建立友谊的机会,从而取得职业上的进步;训练是对其工作进行指导;保护则是指帮助新员工避免卷入那些能毁坏其的事件中。工作上的帮助对新员工今后的成功与发展尤为重要。在心理上为个体提供帮助,则起到角色榜样的作用,并能增进相互之间的友谊。

顾问计划应具备的四个关键要素:不管是正式的、长期的顾问计划还是非正式的、临时性的顾问计划,如果要取得成功,一般来说应该具备四个关键要素:①参与计划应当是自愿的,不能强迫任何人参加,并且适当地搭配顾问与受顾者;②要取得来自高层管理者的支持;③对顾问要进行培训,从而使他们知道自己在这种关系中的作用;最后,对于那些搭配不当的人或是完成了任务的顾问关系要有一个美好的结束方式。

二、职业建立阶段员工的职业生涯规划与管理

(一)职业建立阶段员工特点

职业建立阶段一般发生在25~35岁之间,这个阶段是员工最有追求和抱负的时期,也是他们一生中的高产时期。

(二)职业建立阶段组织职业生涯规划措施

这一阶段组织可以通过建立职业档案和个人申报制度对员工的职业生涯进行规划与管理。

1. 建立职业档案

西方不少企业都用一种被称为"个人职业发展档案"的方法(PPDF),帮助员工管理自己的职业档案。员工的个人职业档案主要内容包括:

(1) 个人情况:包括个人基本信息(学历、家庭情况等)、工作经历、工作成果、自我评估表等。

(2) 工作情况(主要指现在的工作情况):如现在的岗位、岗位的职责、现在的目标计划,这个目标必须是有时限的,要考虑成本、时间、质量和数量等因素。

(3) 未来发展:包括职业目标,即未来的3~5年里,员工准备在组织中做到什么位置。为了达到这一目标,需要什么条件,需要掌握哪些新的知识、技能和经验。为了获得这些知识经验,准备采用哪些方法和实际行动,并记录下具体行动。

档案一式两份,填好后一份自己保管,一份交给直接上司。上司应找员工谈话,一起研究分析其中的每一项,提出十分具体的建议。这种方式对员工有极大的帮助。

2. 建立个人申报制度

所谓个人申报制度,就是用一定的方式,把员工自己对工作的希望向组织人力资源管理部门申报。这种制度的建立和实施,可以有效帮助员工表达他们内心对工作和职业的愿望和要求,帮助他们实现其职业价值和职业目标。

个人申报的内容主要包括:担任现在职务的心情;对担任职务的希望;对公司的其他要求。

人力资源管理部门对申报内容进行分析和研究,在了解职工的实际情况后,分门别类尽量满足员工个人的要求和愿望。

为避免人力资源管理部门片面地答应员工的主观愿望,在让员工申报的同时,

还要让他的直接上级调查员工的职业适应性,包括员工的业务知识、理解判断能力、记忆力、协调力、性格、积极性、交往能力、计划能力、组织能力、健康状况、特别技能、对现任工作的适应性等,然后把适应性调合的结果与个人申报内容进行核对,作为人力资源管理部门做出判断的依据,进而提高判断的客观有效性。

三、职业生涯中期阶段组织职业生涯规划与管理

(一)职业生涯中期阶段员工特点

职业生涯中期是一个时间长、变化多,既有事业成功,又可能引发职业危机的敏感时期。这一时期的年龄跨度一般是从35岁到45岁,甚至到50岁。通过前期组织和个人的职业发展分析,这一时期绝大多数员工的职业生涯规划都已有了整体的思路和清晰的职业目标,他们更重视个人职业上的成长和发展。但是这一时期员工又会面临新的发展困惑,尤其是员工在职业中期可能会面临职业通道越来越窄、发展机会越来越少的困境(这种困境常常被称为职业高原现象),以及面临着如何处理工作与家庭关系的平衡问题。

(二)职业生涯中期阶段组织职业生涯规划与管理措施

组织根据员工个人的能力和人格特征,并考虑其发展潜力和个人意愿,依据组织的需要和可能给予的培训机会,建立技术、管理、技能、服务等不同生涯方向的发展通道,建立并落实内部晋升计划,帮助员工自我实现。

要帮助这一阶段员工解决工作和生涯发展中的问题,尤其是处于职业高原期的员工积极地应对,使他们对自己的工作和职业始终保持充分的热情和兴趣,让他们发挥组织中坚力量的作用。可以通过如下途径开展职业规划与管理:通过工作轮换,给员工安排富有挑战性、探索性的职业工作,或者进行工作再设计,使员工产生对已有工作的再认识、再适应,产生积极的职业情感;为员工提供更多的职业发展机会,如加强工作经验和工作角色,赋予员工以良师或临时性组织者的角色;提供良好的教育培训计划,针对职业生涯中期危机,进行有效预防、改进和补救。

为了帮助员工处理好工作与家庭之间的关系,组织可以提供一些比较灵活的工作安排,如弹性工作时间;为员工提供子女入托、老人照料计划等帮助也是另一种解决办法。

四、职业后期阶段——退休前期计划

随着老龄化社会的逐步到来,组织中老年员工比重普遍提高,帮助他们做好职业晚期计划,提高他们的生产率和积极性,无论对组织还是员工来说都是非常重要的。

一般来说,适合老年员工参与的工作主要有项目顾问、战略计划参谋、承担新

员工导师等工作,都可以有效地利用他们多年的工作经验。

此外,为了帮助老年员工顺利完成从工作到退休这一重要过渡,组织有必要推行专门的退休前期计划,以便帮助他们从身心上全面适应退休的生活,安度晚年。退休前期计划一般可包括举办研讨会、讲座或是心理咨询等工作。

第二部分 学 生 活 动

学生活动:请分别为某一组织不同阶段员工进行职业生涯规划。

职业阶段	阶段特征	职业生涯规划措施

07 项目七
职业生涯反馈评估和修正

> 在本项目,你需要了解什么是职业生涯反馈评估和修正,理解并掌握职业生涯反馈评估与修正的方法,通过这一项目的学习,你要确定以下几个方面:
> 1. 你是否掌握了职业生涯反馈评估的方法?
> 2. 你是否能够对自己的职业生涯开展有效的反馈评估?
> 3. 你是否能够为你的职业生涯规划制定合理的修正方案?

任务1
职业生涯反馈评估

第一部分 任务学习引导

职业生涯的发展不可能是一帆风顺的,规划也不是万能的。职业生涯规划应该是动态的,我们需要不断地关注行业变化,不断地学习新的技术,不断地寻求增加职业技能的途径。

在现代职业领域中,变化是永恒的主题,大到国家政策的调整、完善,小到一个单位的领导人的更替、组织制度的调整、产品的更新换代,乃至个人家庭的变化等等都会影响到个人职业生涯的发展及生涯规划的执行过程。要想赶上日新月异、飞跃发展的时代,使自己适应社会需求,紧跟时代发展的脚步,就要时时注意个人状况和外部环境的变化,不断审视自我,不断地调整自我,不断地修正职业生涯策略和目标,以使职业生涯规划行之有效、切实可行。这个过程就是职业生涯反馈和评估,职业生涯规划的反馈和评估过程是个人对主客观情况的认知过程,经常自省是必要的,在每一个规划阶段进行一次系统全面的评估,以检查验证前期的策略、措施实施情况,为修正实施中出现的偏差打下基础。

一、反馈评估概述

(一) 反馈评估的含义

反馈原是指系统控制过程中将控制执行中的情况,通过各种渠道迅速传递给控制中心,使控制中心能够及时了解控制执行的结果,并对原定方案进行修正、补充或重新控制的一个信息回馈过程。评估是用一套客观、特定的方法或步骤去测度一个人的发展状况或情绪行为表现。职业生涯反馈评估指的是个体在职业生涯过程中围绕规划目标,对自己的职业生涯进行及时有效的信息搜集和分析,不断地审视自我、审视内外环境的变化,评估职业生涯规划执行的情况和效果,并据此对原规划进行修正调整的一个回馈过程。

依据个体的意愿和方式,反馈评估可以分为简单反馈评估和综合反馈评估。简单评估一般是依据业绩指标的反馈对规划的落实进行的评估;综合评估则会涉及更多的指标,需要有明确的评估时间的安排。可以采用自我评估和他人评估、结果评估和过程评估、外部评估和内部评估、定量评估和定性评估相结合的评估方法。

(二) 反馈评估的意义

1. 有助于个体增强自我认知,实现正确的自我评估

自我认知是个体全面、深入、客观地分析、认识和了解自己。自我评估就是要达到清楚地认识到自己的优势与特长、劣势与不足。人的潜能需要外界不断刺激和自身充分地挖掘,在职业生涯规划制定的早期,个体对自己的一些潜在能力可能了解不够深入。职业生涯反馈评估,能够帮助个体随着年龄的增长、阅历的丰富以及性格、兴趣和爱好的变化而全面认知自己,通过对自己的总结、反思,找到成功或失败的原因,从中汲取教训和经验,可以实现正确的自我评估。

2. 有助于个体增强对职业生涯环境的重新认识

职业生涯环境因素包括社会环境因素、行业环境因素、企业环境因素等。职业生涯环境随着社会发展处于不断变化之中,职业生涯管理内环境的变化如职业生涯观念的变化;职业生涯管理外部环境的变化,如科学技术的发展、政治法律环境的变化、人口和劳动力环境的变化等。因此个体在职业生涯管理中,必须认清职业生涯环境的变化,评估和预测职业环境变化的特点及对个体的影响。

3. 有助于接近和达到职业生涯目标

有效的反馈评估能使偏离控制目标的行为或现象得到及时矫正或制止,使控制活动更大程度地接近和达到目标。评估是职业规划的基础,是获得准确职业目

标的前提,评估不仅是对自身的剖析,也是对工作性质、工作内容和工作环境进行分析的一个过程。职业生涯不同阶段的自我评估,能够帮助个体明确不同时期的不同职业生涯目标和方向。正确的职业生涯评估能够帮助个体审视职业选择是否正确、职业生涯目标是否恰当、职业生涯路径的设计是否合理。

4. 有助于个体行动措施的落实实施

职业生涯目标确定后,行动便成了关键的环节。行动方案包括职业生涯发展路线、时间安排等。对行动方案的反馈评估,可以起到监督、提醒、引导、修改的作用。有助于措施的实施及达到目标。

(三)反馈评估的原则

1. 阶段性原则

阶段性原则指的是遵循职业生涯发展不同阶段的需求来反馈评估。个人职业生涯发展阶段可分为早期、中期和后期等不同的时期和阶段。不同职业生涯发展阶段有不同的职业生涯发展任务,因此,个体应该按照不同阶段的目标开展有效的反馈评估。

2. 及时性原则

及时性原则指的是注意把握反馈评估的时机。及时的信息反馈有助于个体把握职业生涯环境的变化,及时调整策略,采取适当的纠正措施。

职业生涯目标按时间进程可分为短期目标、中期目标、长期目标和人生目标。可以根据短期、中期、长期目标的不同,分别开展反馈评估。一般而言,短期反馈评估每半年或每年开展一次,中期反馈评估2~3年开展一次,长期反馈评估7~10年开展一次。过久时间开展反馈评估难以及时纠正错误,过短时间开展反馈评估又可能造成盲人摸象的后果。

3. 有效性原则

有效性原则指的是要分析反馈信息的准确性和可用性。在反馈信息的搜集过程中,由于一些客观原因,搜集到的信息难免会存在一定的偏差和误区,因此,要客观对待所搜集到的反馈信息,对反馈信息的准确性和可用性进行仔细甄别和分析,筛选出对个体有用的有效信息,删除无用信息和干扰信息。

二、反馈评估的步骤与方法

(一)反馈评估的步骤

1. 确定反馈评估的目的和任务

在每次正式的职业生涯反馈评估工作开展之前,都应该确定反馈评估的目的和任务是什么。反馈评估的目的主要包括:①判断实际效果与期望值的差距;②探究未达目标的原因。反馈评估的任务主要包括:①检查职业生涯目标的设定是否恰当;②职业生涯路线的设计是否合理;③计划措施制定是否科学。

2. 全面搜集反馈评估信息

搜集真实有效的反馈信息是开展评估工作的重要前提,反馈信息的搜集渠道是多方面的。按反馈信息的提供者不同,可以分为主体反馈和客体反馈,个体作为反馈的主体,可以通过自我评价来提供反馈信息;反馈客体包括亲友、同事、社会组织、专业咨询机构等。按反馈信息的方式不同,可以分为正式反馈和非正式反馈,正式反馈通过程序化的有组织的过程进行,例如通过面谈、讨论、电子邮件等方式开展;非正式反馈即由个体在日常工作生活中观察和交流获得。

3. 选择合适的反馈评估方法

科学的方法可以起到事半功倍的作用,合适的反馈评估方法能够帮助我们获取真实有效的反馈信息,客观评估现状为职业生涯的修正打下基础。反馈评估方法的内容在下一部分具体阐述。

4. 得出结论

根据获取的反馈信息,通过选择合适的评估方法,进行综合分析总结,从而得出评估结论。以书面的方式记录下来,建档留存,反馈评估工作就顺利完成了。

(二) 反馈评估的方法

反馈评估的方法主要有自我评估、360度反馈评估法、PPDF法和基于目标管理的反馈评估方法。这些方法可以单独使用,也可以结合在一起综合使用。

1. 自我评估

任何评估工作最基础的部分都是自我评价,因为从某种意义上讲,自己最了解自己,特别是针对自己制定的职业生涯规划,自己应该更容易把握,有效的职业生涯反馈应从自我评估开始,只有清楚地知道自己现在处于何种状态,才能科学地评估出自己未来的发展空间,做好职业规划。自我评估主要从工作现状、工作关系现状和工作环境现状三个方面开展。

(1) 工作现状

通过对工作性质、工作技能、个人重要性、任务完整性、工作稳定度、工作机会、薪金福利、工作挑战性、工作自主性、升迁空间、工作有趣性、弹性工时等的评估,我们会对自己的工作现状有更清楚、全面、综合的认识。表7-1是工作现状分析表。

表7-1 工作现状分析表

工作特质	描述	自我工作现状
工作性质	工作性质直接决定职业生涯以后的发展,因此在分析自身工作现状时首先就要对此有清晰的把握	
工作技能	你的工作是单一技能型还是技能多样型? 对于这些工作需要的技能,你是否都能熟练地掌握?	

(续 表)

工作特质	描 述	自我工作现状
重要性	你在公司的地位和重要性如何？你的工作对整个企业、社会的影响如何？工作对你自身的意义如何？	
任务完整性	你是需要独立完成一份工作，还是只是某个流程的负责人之一？在进行这个分析时应理清个人与工作、企业、行业的关系。	
稳定度	稳定，是很多员工的追求，你渴望的是否是稳定的工作方式？你的工作稳定性如何？	
机会	在企业中，你是否有很多发展的机会和空间？到目前为止，你已经获得了哪些机会？你渴望哪些机会？这些机会是否能得到？	
薪金福利	你理想的薪金福利如何？眼下这份工作是否达到了你的理想薪酬？薪酬对你的职业生涯规划影响程度如何？	
挑战性	你渴望不断地挑战自己吗？这份工作是否具有挑战性？	
自主性	在工作中你是否能积极主动地做事？你是否自主开拓工作领域？	
升迁	你对升迁的渴望是否强烈？你的企业升迁空间有多大？能否满足你的发展需要？	
有趣性	你对你的工作充满兴趣还是仅仅为了工作而工作？你是否每天都能从工作中获得快乐？	
弹性工时	你的工作忙碌程度如何？你是否适应这种工作状态？	

(2) 工作关系现状

良好的人际关系能够保证工作顺利，工作关系现状可以从自我性别与年龄、文化程度、身体状况、个人心理、职务级别、任职年限、领导水平、同事关系、工作协作、工作与生活等方面来分析。表7-2是工作关系现状分析表。

表7-2 工作关系现状分析表

具体表现	描 述	自我状况分析
性别与年龄	不同性别与年龄的人在工作中呈现的状态自然不同，从自身实际情况出发，想一想你在工作中呈现的是一种什么状态，是否有利于良好的工作关系的形成？	
文化程度	文化程度的高低同样影响着企业中的工作关系，这里的文化程度不仅指自己的文化程度也指企业中其他人的文化程度，以及自己与别人或别人与自己的文化程度差异。	
身体状况	身体状况同样影响工作者工作关系，那么，你的身体状况如何？是否能满足工作的要求？	

(续 表)

具体表现	描 述	自我状况分析
个人心理	在工作中,你的心理状况如何?是奋发向上,想要融入集体中,还是消极倦怠,抑或是充满恐慌?你的心理与正常工作要求的心理是否有出入?	
职务级别	在企业中,你处于何种级别?	
任职年限	你在这个企业工作多久了?在这个岗位上多久了?你的晋升是快还是慢?	
领导水平	你的上司领导水平如何?和你预期中的领导是否存在差距?你们相处如何?你是否能为其提供足够的助力?	
同事关系	你周围同事关系如何?是否有利于工作的开展?有无摩擦?产生矛盾时你是如何处理的?	
工作协作	你的工作是独立完成的还是需要别人共同协作的?你的协作能力如何?在团队中你是何种角色?	
工作与生活	你的生活和工作是否有冲突?你是否能合理规划工作和生活,使其协调发展?	

(3) 工作环境现状

工作环境现状评估主要从整体工作环境、企业设施、社会关系、变革影响等方面来评估。表 7-3 是工作环境现状分析表。

表 7-3　工作环境现状分析表

具体表现	描 述	当前工作状况分析
整体环境	你的工作环境如何?是否有利于工作的开展?出现干扰工作的情况时,企业是否能及时给予解决?当前工作环境与你希望的有无差距?	
企业设施	在企业中,有关工作的软硬件设施是否完善?能否满足工作发展的需要?在同行业中处于何种水平?	
社会关系	你的企业社会关系如何?在行业中处于何种位置?你对此有无建议或者意见?能否促进企业的发展?	
变革影响	社会变革对你的企业有何影响?企业变革对你有何影响?	

2. 360 度反馈评估法

360 度反馈评估法作为一种人力资源开发与管理的方法,又被称为"多评估者评估"或"多角度反馈系统",是指通过收集与被评价者有密切工作关系的不同层面人员的评估信息,来全方位地评估和反馈被评价者的工作行为与表现的过程。360

度反馈评估由与被评价者有密切关系的人,包括被评价者的上级、同级、下级和客户(包括内部客户和外部客户)等,分别匿名对被评价者进行评价,被评价者自己也对自己进行评价。考评的内容涉及员工的任务绩效、管理绩效、周边绩效、态度和能力等方面。然后,由专业人员根据有关人员对被评价者的评价,对比被评价者的自我评价,向被评价者提供反馈,以帮助被评价者提高能力水平和业绩。

我们对个人职业生涯进行反馈评估时,也可以使用360度反馈评估方法。个体作为被评价者,评价者一般是个体的同事、朋友、家人和自己,或其他与个体密切接触的人员。360度反馈评估一般采用问卷调查法,问卷的形式可以分为两种:一种是给评价者提供5分等级或7分等级的量表,让评价者选择相应的分值;另一种是让评价者写出自己的评价意见。二者一般综合使用。

运用360度反馈评估法搜集信息时,针对不同的群体要设计不同的调查问卷。针对直接上级的调查,目的在于了解自己的发展前景与企业发展轨迹是否相同,目标制定是否得当,差距体现在何处;针对同事及工作伙伴的调查,目的在于全面了解自己的工作表现,在工作中的优势劣势,取得的成绩和工作失误,人际关系发展是否顺利等;针对家人和朋友的调查,主要侧重于是否能处理好工作与生活的关系,职业发展目标与人生阶段是否协调,计划制定与日常生活是否存在冲突等。

3. PPDF法

PPDF的英文全称是:Personal Performance Development File,译成中文则是个人职业表现发展档案,也可以翻译成个人职业生涯发展道路。PPDF是对个人工作经历的一种连续性的参考。它的设计使员工和他的主管领导,对该员工所取得的成就,以及员工将来想做些什么有一个系统的了解。PPDF的主要内容如表7-4所示。

表7-4 PPDF手册

一级指标	二级指标	填写内容
个人情况	个人简历	个人的生日、出生地;现在的工作部门、职务、住址等
	文化教育	初中以上的校名、地点、入学时间、主修专业、课程等。所修专业是否拿到学历,在学校负责过何种社会活动等
	学历情况	填写所有的学历、取得的时间、考试时间、课程以及分数等
	曾接受过的培训	曾受过何种与工作有关的培训以及培训的形式、起止时间等
	工作经历	按顺序填写你以前工作过的单位名称、工种、职务等
	有成果的工作经历	填写你认为过去有成绩的工作经历
	以前的行为管理论述	填写你对过去工作行为的评价及论述
	评估小结	对以上情况进行自我评估

(续 表)

一级指标	二级指标	填写内容
现在的行为	现时工作情况	填写现在的工作岗位、岗位职责等
	现时行为管理文档	填写现在的行为管理文档记录,可以加一些注释
	现时目标行为计划	现在的目标是什么?设计一个目标,同时列出和此目标有关的专业、经历等。这个目标是有时限的
未来的发展	职业目标	在今后的3～5年里,你准备在单位里做到什么位置
	所需要的能力、知识	为了达到你的目标,你认为应该拥有哪些新的技术、技巧、能力和经验等
	发展行动计划	为了获得这些能力、知识等,你准备采用哪些方法和实际行动。其中哪一种是最好、最有效的,谁对执行这些计划负责,什么时间能完成
	发展行动日志	填写发展行动计划的具体活动安排,所选用的培训方法。如听课、自学、所需日期、开始的时间、取得的成果等

PPDF一般用于组织对员工的职业生涯管理,我们也可以将其运用到个人职业生涯管理中来。个人可以借鉴PPDF法的格式、内容,结合自己的现状来制作个人学习工作表现发展档案。它可以帮助个人在实施行动时进行认真思考,了解自己是否非常明确个人的职业生涯目标,以及是否具备一定的能力和条件来实现这些目标。

4. 基于目标管理的反馈评估法

"目标管理"这一理论是由美国管理学家彼得·德鲁克最先提出来的,他主张"目标管理和自我控制",强调企业在发展中,必须将工作任务转化为目标,在目标的管理下积极整合各种资源,合理调配人力,最终实现企业目标最大化。基于目标管理的职业生涯设计将个体的生活、工作归结为一个目标集合,在不同的阶段需要实现不同的目标,因此基于目标管理的职业生涯反馈评估就是根据个体的职业生涯目标和实施情况,开展反馈评估。

职业生涯目标按照时间进程可以分为短期目标、中期目标、长期目标和人生目标。一般来说,短期目标服从于中期目标,中期目标服从于长期目标,长期目标服从于人生目标。人生目标是整个职业生涯的规划,时间跨度可长至40年左右,规划的目的是确定整个人生的发展目标;长期目标是5～10年的规划,主要设定较长远的目标;中期目标一般为2～5年内的目标与任务;短期目标指2年以内的规划,主要是确定近期目标,规划近期要完成的任务。基于目标管理的反馈评估,主要是对个体的长期目标、中期目标和短期目标的实现情况,进行反馈评估。按照时间维度和目标维度,可按表 7-5 的设计样式来填写。

表 7-5 基于目标管理的反馈评估方法

目标项	目标设定	目标完成情况	探究未达目标的原因	反馈时间
长期目标	10 年后,你希望自己成为什么样子?有什么样的事业?家庭和健康水平如何?			7~10 年开展一次
中期目标	2~5 年内的目标与任务			2~3 年开展一次
短期目标	年度目标、月目标、周目标、日目标			每半年或一年开展一次

通过对目标完成情况与目标设定的对比,判断实际效果与期望值的差距,找到没有达到设定目标的原因,进而纠正分阶段目标中出现的偏差。

第二部分 学 生 活 动

活动 1 自我评估

你的工作能力如何?你是否进行过科学、准确的评估?你对自身状况有准确的了解吗?参考自我评估(表 7-1 工作现状分析表、表 7-2 工作关系现状分析表、表 7-3 工作环境现状分析表)的内容完成此项活动。

活动 2 制作 PPDF 手册

请结合自己的现状,制作你的个人 PPDF 手册。

任务 2
职业生涯修正

第一部分 任务学习引导

修正是指在实现职业生涯目标的过程中,根据实际情况自觉地总结经验和教训,修正对自我的认知和对最终职业目标的界定。研究表明,许多人都是在经过了一段时间的尝试和寻找之后,才了解自己到底适合从事什么领域的工作,这段时间在缺乏反馈和修正的情况下可能长达十几年。即使在自我定位和目标设定正确时,反馈和修正同样可以纠正分阶段目标中出现的偏差,可以极大地增强实现目标的信心。

一、职业生涯修正概述

(一) 修正的含义

所谓修正就是改正、修改使其正确的意思。经过了反馈评估,接下来就要根据反馈评估的结果进行目标或策略方案的修订。职业生涯修正的内容包括职业的重新选择、职业生涯目标的修正、职业生涯路线的调整、实施措施与行动计划的变更等。

在职业生涯修正的过程中,需要找出关键的有待改进之处,对这些有待改进之处制定详细的行为改变计划,然后实施这些计划,确保自己能够取得进步和突破。

(二) 修正考虑的因素

1. 考虑环境因素

考虑环境因素包括社会环境、政治环境、经济环境、科技环境、自然环境、法律环境等。从宏观层面认识到职业生涯发展的局限和可能,个人只能适应而不可改变。

2. 考虑组织因素

考虑组织因素包括组织规模、组织结构、组织文化、组织发展状况、人力资源规划、人力资源管理系统类型、晋升政策、人际关系等等一切与职业生涯发展有关的组织因素。要改变组织因素非常困难,但个人可以选择到最适合自己发展的组织中工作。

3. 考虑个人因素

考虑个人因素包括年龄、性别、学历、工作经历、家庭背景、人格等等。一方面你要正确认识自己,另一方面要不断完善自己。

组织和个人只能适应第一因素,正确认识和分析第二、第三因素,寻求个人发展和组织发展的最佳匹配。

二、职业生涯修正的方法

案例

李某毕业于师范院校,毕业后在一所职业中学任教。在大学时,他就确定自己的职业目标为成为一名优秀的职业中学教师,并为实现这一目标认真地做出了自己的十年规划,并且在担任职业中学教师的最初两年里考取了一些必需的资格证书,提高了自己的业务能力,为下一步的教师工作打下了很好的基础。在职业生涯第三年的时候因为自己的出色表现和学校里新的业务的出现,他开始担任学校一个职业培训机构的主管,这对自己进一步的职业生涯发展提出了新的要求。李某重新调整了自己的职业目标:成为一名职业经理人。并结合自己职业目标的变化调整了自己的规划,着力提高自己的英语水平、授课能力和综合管理能力。这一调整又为自己的第三段职业跳跃埋下了很好的伏笔,在踏上工作岗位的第八年,他成为了一个外企的组织发展经理。

本案例中,李某在自己的学生阶段对自己的定位比较准确,并且制定了切实可行的行动计划,当新的机会来临时又适当调整了自己的目标、规划和实施方案,使自己的职业生涯实现了跳跃式上升的良好势头。职业生涯的规划和目标的实现贯穿于我们的职业生涯全过程,在学习和工作中,需要根据自身认知水平的提升,结合行业和社会不断发展的实际,及时修正自己的职业生涯规划。

(一)职业方向的修正

确定目标后,你要按照自己的计划和日程开始行动。但是前进的道路并不是一帆风顺的,在计划实施一个阶段后,你要停下来,分析一下实施情况,对计划进行修正。当方向缺少发展前景的时候,当你选择的发展路线已不能指引你达到你的目标时,不妨调整一下自己的职业方向。对于大多数人来说,每三四年换一家公司已是很平常的事了,在某些快速发展的行业,如投资银行或IT业,每两年换一次工作也属正常。另外,很多招聘咨询机构都提出建议,每五年左右换一个职位或工作单位对确保自己不失业是很重要的。更换工作有时是由一些我们无法控制的因素促成的,如公司人员过剩、被炒鱿鱼、生病或家庭原因。当然,也有一些时候是因为我们自己想换一个新的老板。

通过对职业生涯反馈评估结果的仔细分析,有的人会发现自己职业生涯发展不顺利的原因是一开始方向就搞错了。方向错误是由于缺乏对内外环境的客观分析,或者缺少对工作的真实体验,或者自己的兴趣爱好发生了变化等原因造成的。方向的正确与否是职业生涯成功的关键,这就要求人们必须重新进行全面的自我认识和评价,重新评估外在环境,从而作出正确的职业选择。

应该说,职业方向选择错误对于年轻人,特别是缺乏工作经验的学生来说是很正常的。大家应该知道,要准确找到自己的"职业锚"本身就是一件很麻烦的事情,并且"职业锚"是在人们通过学习得到的工作经验的基础上建立的,一个人职业倾向的形成需要长期的工作积累,这是一个漫长的过程。一个人的"职业锚"不是一成不变的,它会随着主客观环境的变化而变化。所以,人们应该正确认识自己在选择职业时的错误,不要沮丧更不要丧失信心,而应该冷静地分析并积极地修正。职业选择错误会直接导致职业目标以及职业生涯路径选择的错误。在正确地选择适合自身职业的基础上,我们要对职业目标、职业生涯路径、阶段性目标进行修正。总结前一阶段取得的成绩、经验,保留与修正后的选择相一致的目标,删除一些没有实际意义或者与现在的选择相冲突的目标,并调整限定的时间。

案例

小林一心想做个导游,在他看来,天天走南闯北,一边工作一边游玩是一件非常幸福的事情。因此当了三年老师后,小林毅然决然地辞了职。哪知工作好找,工作起来却并不容易。以前觉得当老师是带学生们在学校里玩,当导游是带着游客们天南地北地玩,都是带人应该差不多。哪知事情却并没有向小林预期的方向发展。

首先,当导游是个体力活,运动量非常大,这让一直生活在学校的小林非常吃不消。并且,小林身体素质并不好,一换地方就水土不服,这给他的工作带来了很大的障碍。

此外,能和小孩子相处愉快却未必能和形形色色的成人们相处愉快。在学校当老师,小林处于支配地位,但是当导游却并不如此,导游工作对个人的组织协调能力要求非常高,而小林却并不擅长这一点,因此不仅无法协调旅行社和游客的矛盾,也无法协调游客之间的关系,弄得自己身心俱疲。

职业选择是一个动态的调适过程。现实中,由于存在职业供给与需求、职业需求与求职者能力、职业需求与职业价值观等各种矛盾,以及由于职业信息可能不畅通、不完全,求职者心理准备不足等条件的限制,使得职业选择不能完全自由地进行。所以,选择职业过程的本身,也是克服矛盾和障碍,不断调整,使自身契合某种职业的过程。

职业方向的修正应注意以下四个方面的问题。

1. 分清主次,确定需求

不同的人选择职业必有不同的考虑、不同的职业需要与要求。例如,有的人考虑名;有的人考虑利;有的人看重工作单位或人际关系的融洽;有的人强调工作地点的远近;有的人考虑才能的施展、自我价值的实现;还有的人要求工作性质和工作内容的稳定,以及工作中所处的地位和福利收入保障的稳定;另有人考虑工作的刺激性;还有人强调职业工作的社会地位等。就每个人而言,可能会对职业同时有几种需求,但要分清主次顺序。因此,在进行职业重新选择时,要根据反馈评估的结果,分清需求的主次顺序,确定主要需求。

2. 知己知彼,把握原则

找到自己希望和满意的职业,只是个人的愿望和要求,能否成为现实,还要看是否具备主、客观的条件。所以,求职者在择业中必须清醒地认识和把握自身的职业供给因素或原则,这样才能"知己知彼,百战不殆"。要做好职业方向的选择,需要把握如下基本原则:

(1) 切实原则

在职业选择中,首先要搞清楚职业工作的性质、任务、实际需要,进而考虑自己的学识水平、身体素质、个性特点、能力倾向等是否符合、适应这一职业的要求,也就是实事求是地衡量自己能否胜任这项职业。在选择职业时,要坚持力所能及、胜任的原则,切忌盲目攀比。

(2) 兴趣原则

职业选择既要考虑社会需要,更要兼顾自己的兴趣爱好。兴趣往往是创新的先决条件。一个人只有对自己所从事的某项职业有着浓厚的兴趣,才能激发起他对该项工作强烈的求知欲、探索欲,才会使他在工作中有所发明,有所创造,有所前进。这既是一种自我能力的开发和展现,又是对工作的促进和推动。就此意义而言,兴趣其实也是一种工作的动力源泉,有兴趣你才会更有激情地去工作。但是我们绝不能仅凭兴趣择业,首要的还是社会需要和个人学识、能力水平等。但是在现代社会,兴趣是不可或缺的。

(3) 特长原则

每个人的个性特征,特别是工作的就力,人与人之间的差异很大。世界上,没有真正的无所不会、无所不能的"全才"和"全能"。每个人都各有所长,也各有所短。必须根据自己的能力倾向,选择相应的、能扬己之长、避己之短的合适职业。

3. 决策果断,独立自主

当你获知职业需求信息时,应当认真考虑周全,果断决策,否则可能会招致痛失良机的结果。

大多数人面临职业选择的时候总是瞻前顾后,难下判断,这往往同他人的干预有关。在一个人成长的过程中,会得到身边许多人的提携、指点,包括父母、亲属长辈、老师和朋友等。在他们的帮助之下,久而久之形成自己对生活的一定信仰、观念和准则。因此,一个人一定要有主见,认清真正适合于自己的路和方向,独立决断,追求自己选择的人生道路。

4. 眼光长远,谋求发展

在这个信息时代,随着经济的发展,求职就业不再只是作为谋求生存的手段,而是一条通向自我完善、自我发展之路。所以,择业时应当考虑所选职业是否适合于自己的个性特征,自己从事这一职业有无发展前途;同时还要考虑所选择的组织单位是否重视人才,是否重视人力资本中教育投资,并了解组织的实力和所能够提供的继续教育机会及前途等条件。

(二) 职业生涯目标的调整

案例

1984年,在东京国际马拉松邀请赛中,名不见经传的日本选手山田本一出人意料地夺取了世界冠军。两年后,他又在意大利国际马拉松邀请赛上获得了世界冠军。当时,记者请他谈谈自己的成功经验,他只说了一句话:"凭智慧战胜对手",人们不明所以。

10年后,山田在自传中解开了这个谜:每次比赛前,我都要乘车把比赛的线路仔细看一遍,并将沿途比较醒目的标志画下来,比如第一个标志是银行,第二个标志是一棵大树,第三个标志是一座红房子……这样一直画到赛程的终点。

比赛开始后,我就以百米的速度奋力地向第一个目标冲去,等到达第一个目标后,我又以同样的速度向第二个目标冲去。40多公里的赛程,就被我分解成这么几个小目标轻松地跑完了。但起初我并不懂这样的道理,我把目标定在40多公里外终点线上的那面旗帜上,结果跑到十几公里时就疲惫不堪,我被前面那段遥远的路程吓倒了。

通过职业生涯的反馈与评估,我们可以检查职业生涯目标的制定是否适当,目标的完成是轻松还是勉强,是超额完成还是延迟完成,自己的内心感受怎样。如果感到工作生活过于清闲,那就意味着目标定低了,需要适当地提高目标。如果感到自己的生活节奏很慢,效率很低,没有实现目标,要考虑自己的动机水平是否足够。如果职业目标太高,生活和工作压力太大,则要适当降低目标。

1. 短期目标评估调整

短期目标是为实现中长期目标而采取的具体的可操层面的步骤。对于短期目标,要以结果标准来评估,通过考察具体计划的完成情况来评估。对于未完成的目标要及时分析原因,以及制定相关的补救措施。

2. 中期目标评估调整

中期目标是许多短期目标完成的结果,又为实现长期目标打下基础。中期目标评估的侧重点是进程,对比较具体的完成时间,可以适当作出调整。包括任务的完成情况、内职业生涯与外职业生涯的协调情况等。

3. 长期目标评估调整

长期目标是个人认真选择符合个人价值观与个人未来发展相结合的愿景。评估长期目标的侧重点是看大方向有否偏离。长期目标评估的标准实质上取决于对成功的标准。有的人对成功的理解就是事业的成功,为了事业可以牺牲个人家庭,一切皆以事业为重。有的人对成功的理解是个人事业和家庭生活的协调发展,两者不可缺一。

(三) 职业生涯路线的调整

职业生涯路线是指一个人在确定职业目标后,如何从现在的起点出发到达目的地,实现职业生涯目标。如果将我们目前自身具备的条件和所处的位置看做是起点,职业目标是终点,那么要想从起点到达终点就必须选择交通路线——职业生涯路线。比如,作为一名医生,想成为医院领导,是侧重于向专业技术方向发展,还是侧重向行政管理方向发展。选定的职业生涯路线不同,我们为实现目标所付出的努力也不同。我们在职业生涯规划中必须做好职业生涯路线的选择,使自己为实现目标所制定的行动措施能够沿着事先选定的职业方向前进。职业生涯发展路线一般有四种类型。

1. "V"字形生涯路线

"V"字形生涯路线图是一个"V"字形的图形。图形的一侧表示管理路线,一侧表示专业技术路线。如图7-1所示。

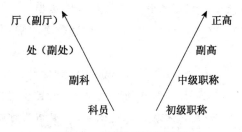

图 7-1 "V"字形生涯路线

2. 直线型职业生涯发展路线

直线型职业生涯发展路线是指职业发展过程中只从事一种职业,发展路径只有一个通道,只能在这个通道中作垂直运动。如上面说过的"V"字形的左侧和右侧都分别是直线型的职业生涯发展路线,医生的职业生涯路线大都是这种类型的,通过不断学习进修,提高理论知识水平和专业技能。积累自身的经验,在专业技术路线上不断晋升。这种职业生涯发展路线较为简单,职业发展的目标就是晋升。

3. 螺旋型职业生涯发展路线

螺旋型职业发展路线指职业发展过程中从事几种职业,通过不断学习来提高自身各方面的技能,在工作实践中不断积累自己的人力资本为将来在不同职业中寻求发展机会打好基础。螺旋型职业发展路线不明确,较为复杂,需要个人有极强的职业生涯规划能力,呈螺旋上升状。如某人原来从事咨询公司工作,积累了丰富的市场经验和信息搜集分析经验后,转行到公司做市场总监,实现职业生涯的完美转身飞跃。

4. 跳跃型职业生涯发展路线

职业生涯中并不是依照等级一步一步晋升,而是跳过某个或几个等级,在较短的时间内达到较高的职务等级。这种职业生涯发展路线并不常见,需要特殊的机遇或个人特别的努力,如专业技术人才在学术方面刻苦钻研,获得了重大的成果,因此在职称评定时破格晋级。

在选择生涯路线时,首先要对职业生涯各要素进行系统分析。具体来说,可以从四个方面来对其进行考虑。

1. 我想往哪一路线发展

在这方面主要应当考虑自己的价值、理想、成就动机等主观因素，以便确定自己的目标取向。

2. 我适合往哪一条路线发展

在这方面主要应当考虑自己的性格、特长、经历、学历、家庭影响等一些客观条件对职业路线选择的影响，以确定自己的能力取向。

3. 我可以往哪一路线发展

这方面主要考虑自身所处的社会环境、政治与经济环境、组织环境等，来确定自己的机会取向。

4. 哪条路线可以取得发展

一旦选定自己希望和适合的发展道路后，还应进一步综合分析各方面的因素，判断自己的这条职业目标的实现路线是否可以取得发展。

（四）实施措施和行动计划的修正

在职业生涯道路上，也许现在的你离你的目标还有相当远的距离，如果不愿改变目标，那就应该改变你的策略和措施。"成功者往往注重改变方法，失败的人常常轻易改变目标。"实施措施和行动计划是实现职业生涯目标的具体行动计划，在职业生涯规划过程中非常重要，没有相应的实施措施和计划，职业生涯目标就无法实现。

案例

一个计算机专业毕业的本科学生，想在深圳工作，为自己设计的职业路线如下所示：

这一职业路线图中存在的问题是：对目标岗位与人才匹配的具体要求不清晰，想当然、凭感觉进行规划。目前在深圳，没有硕士或博士文凭是不可能进入高校任教的，而该学生的职业规划是先进入大学任教，再取得硕士、博士文凭，完全违背了职场的规则。在评估调整阶段要重新设计达到目标的途径和方法。

但是，当你处于职业生涯的低谷、当职业生涯规划评估不佳时，不要轻易放弃目标。在现实生活中,想不通过自我调整,就找到一个"完全适合"自己的职业,几乎是不可能的。当我们的职业生涯规划出现偏差时,我们应该在策略和措施上注意以下四个方面:

第一,爱好是可以培养的。爱好固然对从业具有很重要的意义,但职业爱好既可以在学习专业知识和技能的过程中培养,更能够在未来的职业生活中得到强化。更多的时候你是在做你应该做的事,而不是你喜欢做的事。

第二,性格是可以完善的。一些职业对从业者性格有严格要求。性格有许多"天生"的成分,但也并非一成不变,有许多因从事某种职业而改变性格的实例。

第三,能力是可以提高的。由从业能力和核心能力组成的综合职业能力,不论是专业能力,还是方法能力和社会能力,既可以在学习生活中得到提高,也可以在职业生活中得以强化。传统意义上的职业能力即一般学习能力,包括观察力、注意力、思维力、计算能力、空间判定能力、眼手协调性、手指灵活性等等,均可以在知识学习、技能练习、实践活动中得到提高。

第四,潜能是可以挖掘的。每个人都具有未被发现的潜能,在应试教育环境中受到压抑的人可能拥有更多的潜能。给予这些年轻人恰当的引导,在合适的环境中,其潜能就能变为显能,就能在职业生活中表现出卓越的才华。

案例

有个19岁的年轻人,在休斯敦太空总署的太空梭实验室里工作,却非常热爱音乐创作,只要有多余的一分钟,就会把所有的精力花在上面。有一次,他和一个熟悉音乐圈的朋友聊天,朋友问他:"想象你5年后在做什么?"

他想了想,说:"第一,我希望能有一张很受欢迎的唱片在市场上发行,可以得到许多人的肯定。第二,我要住在一个有很多很多音乐的地方,能天天与一些世界一流的乐师一起工作。"

"那我们就把这个目标倒算回来。"朋友建议他,继续说:"如果第5年,你要有一张唱片在市场上发行,那么你的第四年一定要跟一家唱片公司签上合约;你的第三年一定要有一个完整的作品,可以拿给很多很多的唱片公司听;你的第二年,一定要有很棒的作品开始录音了;你的第一年,就一定要把你所有要准备录音的作品全部编曲,排练就位准备好;你的第六个月,就是要把那些没有完成的作品修饰好,然后让你自己可以逐一筛选;你的第一个月就是要把目前这几首曲子完工;你的第一个礼拜就是要先列出整个清单,排出哪些曲子需要修改,哪些需要完工。好了,你已经知道下个星期一要做什么了,对吗?"紧接着,朋友又说:"喔,对了。你还说你五年后,要生活在一个有很多音乐的地方,然后与许多一流乐师一起忙创作,对吗?"

"如果,你的第五年已经在与这些人一起工作,那么你的第四年按照道理应该有你自己的一个工作室或录音室。那么你的第三年,可能是先跟这个圈子里的人一起工作。那么你的第二年,应该不是住在德州,而是已经住在纽约或是洛杉矶了。"

第二年,这个年轻人就辞掉了令许多人羡慕的太空总署的工作,离开了休斯敦,搬到洛杉矶。几乎就在第五年末的时候,这个年轻人的唱片在亚洲开始畅销。他一天24小时几乎全都忙着与一些顶尖的音乐高手日出日落地一起工作。这个人,就是华人歌手李恕权。

三、职业生涯成功

(一) 职业生涯成功的内涵

对每个人来说,职业需求、职业目标都不同,成功的标准也不同。有的人以获取显赫社会地位和社会声望的职业为成功;有的人以有一个薪资不低、安稳轻松的职业为成功;有的人把勤奋努力,追求高尚看作成功;有的人则以能帮助他人作为成功的表现。追求成功是人生的目的和意义所在,更是实施职业生涯规划的核心和终极目标。由于人们价值观念各异的缘故,世界上并不存在人人适用的惟一的成功标准。一般认为,职业生涯成功主要是指个人职业生涯规划追求目标的实现。因此,职业生涯成功主要体现在以下四个方面。

(1) 个人的价值观、能力、性格与其所选择的职业相匹配,且在这一职业岗位上工作的得心应手。

(2) 个人有自我职业目标,无论是初次就业便一直在某种岗位上,还是历经坎坷,发生职业流动或转移,最终个人既定职业目标得以实现,也是一种职业成功。

(3) 在所从事的职业工作岗位上,尽心尽力,尽职尽责,做出突出成绩,本人有一种成就感,或者得到组织、同事的认同也是一种职业的成功。

(4) 勇于创新,另辟蹊径,在没有路的地方去踏出一行新的脚印。职业生涯成功是个人职业生涯追求目标的实现。职业生涯的成功含义因人而异,具有很强的相对性,对于同样的人在不同的人生阶段也有着不同的含义,不能仅限于地位和财富的满足。对于个人而言,职业生涯成功的意义在于能使人产生自我实现感,从而促进个人素质的提高和潜能的发挥。

(二) 职业生涯成功的标准和评价

成功没有统一的标准,但是每个人都应当有自己明确的成功标准,并时时用这个标准来检验实际的行动。职业生涯成功的标准一般有以下五种方向。

1. 进取型

视成功为升入组织或职业的最高阶层,特别注重在群体中的地位,追求更高职务。

2. 安全型

追求认可、稳定,视成功为长期的稳定和相应不变的工作认可。

3. 自由型

追求不被控制,视成功为经历的多样性。希望有工作时间和方法上的自由,最讨厌打卡机。

4. 攀登型

得到挑战、刺激、冒险,愿意做创新工作,视成功为螺旋式不断上升、自我完善。

5. 平衡型

视成功为家庭、事业、健康等均衡协调发展。

要对职业成功进行全面的评价,必须综合考虑个人、家庭、企业、社会等各方面的因素。通常情况下,职业成功的标准可以划分为"自我认识的""社会承认的"与"历史判定的"三种。这三者之间既可能是一致的,又可能是不一致的,基本上可以说"历史判定的"要比"社会承认的"更具分量;"社会承认的"比"自我认知的"更具分量。

按照个体的人际关系范围,将职业生涯是否成功的评价分为自我评价、家庭评价、组织评价和社会评价四类,如表7-6所示。

表7-6 职业生涯成功的评价方式

评价方式	评价者	评价内容	评价标准
自我评价	自己	1. 自己的才能是否充分施展; 2. 对自己在企业发展、社会进步中所做的贡献是否满意; 3. 对自己的职称、职务、工资待遇等方面的变化是否满意; 4. 对处理职业生涯发展与其他人生活动的关系的结果是否满意	根据个人的价值观念及个人的知识、水平、能力来评价
家庭评价	父母、配偶、子女等家庭成员	1. 是否能够理解和肯定; 2. 是否能够给予支持和帮助	根据家庭文化来评价
组织评价	上级、平级、下级	1. 是否有下级、平级同事的赞赏; 2. 是否有上级的肯定和表彰; 3. 是否有职称、职务的晋升或相同职务责权利范围的扩大; 4. 是否有工资待遇的提高	根据组织文化及其总体经营结果来评价
社会评价	社会舆论社会组织	1. 是否有社会舆论的支持和好评; 2. 是否有社会组织的承认和奖励	根据社会文明程度、社会历史进程来评价

如果一个人能在这四类体系中都得到肯定的评价,则其职业生涯必定成功无疑。人生应该追求多元化的职业成功,这不仅可以使每个人发挥自己的兴趣和特长,从而发掘出自己的全部潜能,同时也能让社会保持健康、和谐的状态,让社会成员体会到最大的幸福。因此,每个人都可以,也应该对自己的职业生涯成功进行明确界定,包括成功意味着什么、成功时拥有的东西、成功的时间、成功的范围、成功与健康、被承认的方式等。

第二部分 学 生 活 动

表 7-7—表 7-10 是某技工学校的王同学对自己的职业生涯目标的分解;表 4 是王同学针对短期目标制定的行动方案。仔细学习下面的内容,完成思考题。

表 7-7 短期目标(2016—2018 年)

具体时间	阶 段 目 标
2016 年 1—6 月	争取获得一等奖学金、三好学生、优秀班干部、全勤奖
2016 年 7—8 月	1. 参加英语培训班,提高英语水平 2. 针对成人高考进行复习
2016 年 9—12 月	1. 通过成人高考考取大专 2. 考取加工中心中级证 3. 争取参加校内外的专业竞赛
2017 年 3—5 月	1. 参加校技能节的专业竞赛,争取前三名 2. 复习英语,准备报考英语 PET 二级
2017 年 6 月	通过英语 PET 二级考试
2017 年 7—8 月	1. 校外实践,提升技能 2. 自学模具设计软件
2017 年 9—12 月	1. 争取市赛资格 2. 争取一等奖学金、三好学生、优秀班干部、全勤奖
2018 年 1—6 月	1. 复习并报考英语 PET 三级证书 2. 完成项目实践课题
2018 年 6—12 月	校外实践,提升技能

表 7-8　中期目标(2019—2022 年)

具体时间	阶 段 目 标
2019 年	1. 提升技能,获得加工中心高级工证 2. 获取大专毕业证 3. 进入模具设计与制造类企业工作
2020 年	1. 积累模具设计经验 2. 开始网络教育本科课程(机械类)的学习
2021 年	成为出色技术人员
2022 年	1. 提升技能,成为助理模具设计师 2. 完成本科学业,获得本科毕业证

表 7-9　长期目标(2023—2029 年)

具体时间	阶 段 目 标
2023—2025 年	1. 争取成为模具设计师,成为企业的技术骨干 2. 为创业做准备
2025—2029 年	1. 争取成为高级模具设计师 2. 争取自主创业

表 7-10　短期目标行动方案

具体时间	短期阶段目标	行动方案
2016 年 1—6 月	一等奖学金,三好学生	1. 遵守学校规范,无违反校纪校规行为 2. 期末操行评定为优 3. 各门课程总评成绩均在 85 分以上
	优秀班干部	1. 担任班长 2. 热心为班集体服务 3. 在同学中起模范带头作用
	全勤奖	无旷课、早退、迟到、请假
2016 年 7—8 月	参加英语培训班,提高英语水平	目标:提高口语能力 查阅英语培训班资料(培训内容、课时、需金额、培训地点、上课时间)
	针对成人高考进行复习	1. 查阅华南理工大学去年成人高考信息(招生简章、录取分数) 2. 查阅成人高考所需复习资料(科目、教材) 3. 设定各科复习时间表并按计划执行

请根据自己的具体情况制定自己的短期目标、中期目标和长期目标,并拟出具体可行的行动方案,针对本周的阶段性目标,一周后对周目标的行动方案进行评估。

活动目的:

(1) 检验是否能够根据阶段性目标设置行动方案;

(2) 行动方案是否具备可操作性;

(3) 考察方案的实施效果。

参 考 文 献

1. 杜耿.重塑职业生涯规划:个性、生活与职业[M].北京:人民邮电出版社,2013.
2. 葛玉辉.职业生涯规划管理实务[M].北京:清华大学出版社,2011.
3. 殷智红,邱红.职业生涯规划[M].北京:北京大学出版社,2010.
4. 徐笑君.职业生涯规划与管理[M].成都:四川人民出版社,2008.
5. 陈璧辉.职业生涯理论述评[J].应用心理学,2003,2.
6. 张瑞祺,杜艳辉.论职业信息采集与应用[J].华北煤炭医学院学报,2010(2).
7. 宋红.大学生职业规划与就业指导[M].北京:中国水利水电出版社,2011.
8. 孙凌.职业规划与就业实务[M].北京:北京师范大学出版社,2011.
9. 余凯成.组织行为学.第三版.[M].大连:大连理工大学出版社,2006.
10. 张文墨.影响大学生职业生涯规划的心理因素调查[J].扬州大学学报(高教研究版),2010(02).
11. 杨浩.职业生涯与发展规划[M].厦门:厦门大学出版社,2012.
12. 房伟.卓越员工职业生涯管理[M].北京:北京工业大学出版社,2014.
13. 王宏斌.大学生职业规划与就业指导[M].西安:西安交通大学出版社,2014.
14. 高菲,李晓红.职业生涯规划[M].天津:天津科学技术出版社,2009.
15. 林泽炎,李春苗.员工职业生涯设计与管理[M].广州:广东经济出版社,2003.
16. 程宏伟,周斌.大学生职业素养开发与职业生涯规划[M].重庆:西南财经大学出版社,2008.
17. 张恩生.大学生职业生涯规划[M].济南:山东大学出版社,2006.
18. 田新民,张宗恩主编.择业与就业:大学生职业规划与发展[M].上海:上海交通大学出版社,2008.
19. 倪坚.职业规划解码[M].北京:光明日报出版社,2009.
20. 陈建.职业生涯规划[M].北京:北京理工大学出版社,2011.
21. 张再生.职业生涯规划[M].天津:天津大学出版社,2014.
22. 彭永新,龙立荣.国外职业决策理论模式的研究进展[J].教育研究与实验,2000(5):45-49.
23. 彭永新,龙立荣.大学生职业决策自我效能测评的研究[J].应用心理学,2001(2).
24. 薛庆国.风险决策过程中的内隐心理研究[D].2001:34.35.
25. 龙立荣.职业生涯管理的结构及其关系研究[M].上海:华中师范大学出版社,2002.

26. 于泳红.职业生涯决策整合模型研究[D].2004:18-39.
27. 杨河清.职业生涯规划.第二版.[M].北京:中国劳动社会保障出版社,2009.
28. 袁声莉,毛忞歆.工作分析与职位管理[M].北京:科学出版社,2014.
29. 姚裕群,曹大友.职业生涯管理.第二版.[M].哈尔滨:东北财经大学出版社,2012.
30. 林泽炎,王维.执行绩效管理[M].中国发展,2008.
31. 骆子石.职业生涯规划与就业指导项目化教程[M].上海:上海交通大学出版社,2011.
32. 王学梅,冯美德,傅翔.大学生职业生涯规划与就业指导实务[M].北京:中国地质大学出版社,2011.
33. 栾永斌,周瑜弘.高职院校大学生职业生涯规划[M].大连:大连海事大学出版社,2008.
34. 杨浩.职业生涯与发展规划[M].厦门:大学出版社,2012.
35. 房伟.卓越员工职业生涯管理[M].北京:北京工业大学出版社,2014.
36. 王宏斌.大学生职业规划与就业指导[M].西安:西安交通大学出版社.2014.
37. 高菲,李晓红.职业生涯规划[M].天津:天津科学技术出版社.2009.
38. 林泽炎,李春苗.员工职业生涯设计与管理[M].广州:广东经济出版社.2003.
39. 程宏伟,周斌.大学生职业素养开发与职业生涯规划[M].重庆:西南财经大学出版社.
40. 张恩生.大学生职业生涯规划[M].济南:山东大学出版社,2006.
41. 田新民,张宗恩.择业与就业:大学生职业规划与发展[M].上海:上海交通大学出版社.2008.